SFPC와 함께하는
문제 해결 프로그래밍

정웅열 · 정종광 · 문광식 · 배준호 · 안득하 · 전현석 · 정상수 외

KB211980

(주)삼양미디어

머리말

프로그래밍은 사람과 컴퓨터가 대화하는 과정입니다. 프로그래밍을 배워서 컴퓨터와 대화를 할 수 있게 된다면 여러분은 매우 특별한 능력을 갖추게 됩니다. 매우 빠르고 정확하게 계산(computing)할 수 있는 컴퓨터의 능력을 이용할 수 있기 때문입니다.

프로그래밍을 통해 우리 주변의 많은 문제를 해결할 수 있습니다. 덧셈, 뺄셈과 같은 '사칙연산' 문제뿐만 아니라 '경우의 수' 문제도 해결할 수 있습니다. 또한, 가장 빠른 길이나 가장 비용이 적게 드는 길 등을 찾는 '최적화' 문제도 해결할 수 있습니다. 더불어 일상생활과 다양한 학문이나 교과에서 마주치는 여러 문제를 계산을 통해 해결할 수 있습니다.

많은 학생이 초등학교, 중학교, 고등학교 정보 수업을 통해 프로그래밍을 배우고 있습니다. 그러나 초등학교와 중학교에서 배우는 교육용 프로그래밍 언어로는 자기 생각을 완전히 표현하기에 한계가 있습니다. 고등학교에서 배우는 파이썬, C 언어 등의 텍스트 기반 프로그래밍 언어를 배워야 다양한 생각을 자유롭게 표현할 수 있습니다.

프로그래밍의 기초를 학습한 다음, 일상의 문제를 해결하기 위해 자기 생각을 절차(순서, 과정, 단계, 차례)로 구상하여 알고리즘을 설계하고 프로그래밍을 통해 구현하는 방법을 배워야 합니다. 이것은 프로그래밍 언어를 배우는 기초 과정과는 다른 것이므로 또 다른 학습이 필요합니다. 바로 '문제를 해결하는 방법'이죠. 문제의 종류나 수준에 따라 생각, 즉 컴퓨팅 사고(computational thinking)의 너비와 깊이가 다양하므로 기초부터 시작하여 많은 문제를 해결하는 것이 좋겠죠?

우리나라는 물론, 전 세계적으로 프로그래밍을 통해 문제를 해결하는 능력을 겨루는 대회들이 있습니다. 이러한 대회에 참가하거나 기출 문제를 풀어봄으로써 '프로그래밍을 통해 문제를 해결하는 능력'을 함양할 수 있습니다. 특히, 각 대회에서 출제되는 문제의 종류와 수준이 다양해서 큰 도움이 될 수 있습니다. 그러나 때때로 수준이 너무 높아서 엄두가 나지 않기도 하고, 문제 해결 과정 중에 막히게 되면 포기하기도 쉽습니다.

우리나라 정보 선생님들이 주관하는 SFPC(School Friends Programming Challenge)는 학교(School)에서 친구들(Friends)과 함께 참여할 수 있는 프로그래밍 챌린지(Programming Challenge)입니다. 상장, 경쟁, 시상 등을 위해 참여하는 다른 대회(Competition)와 다르게 도전(Challenge)을 통해 문제 해결 경험을 쌓는 챌린지입니다. 정보 수업에서 배운 텍스트 프로그래밍 내용만으로도 충분히 해결할 수 있는 문제들이 출제되므로 누구라도 도전할 수 있는 것이 특징입니다.

「SFPC와 함께하는 문제 해결 프로그래밍」은 지난 3년간 SFPC에서 출제된 문제를 수록하고 있습니다. 제주도(SFPC 2021), 경상북도(SFPC 2022), 전북특별자치도(SFPC 2023)의 특색을 담은 일상생활 속 문제들입니다. 제주도의 해녀와 한라봉을 주제로 한 문제, 경상북도 청송의 사과를 주제로 한 문제, 전북특별자치도의 비빔밥을 주제로 한 문제 등을 만날 수 있습니다.

SFPC 기출 문제들은 각각 2~3가지 버전으로 구성되어 있습니다. 첫 번째 버전은 입력 데이터의 양이 적어서 '손과 머리로' 해결한 후 출력문만 이용하면 해결할 수 있습니다. '비버 챌린지' 문제를 상상하면 좋겠네요! 따라서 첫 번째 버전의 문제를 해결하기 위해서는 프로그래밍 실력보다는 '문제 분석을 위한 추상화와 알고리즘 설계 능력'이 중요합니다.

두세 번째 버전은 입력 데이터의 양이 크기 때문에 손과 머리로 해결하기는 어렵습니다. 이럴 때는 컴퓨터의 빠르고 정확한 계산 능력을 이용해야 합니다. 따라서 더 효율적인 알고리즘을 설계하고 프로그래밍을 통해 구현해야 해결할 수 있습니다. 두세 번째 버전의 문제를 해결하기 위해서는 첫 번째 문제를 정확하게 해결할 수 있어야 합니다.

이러한 SFPC 기출 문제를 해결하기 위한 능력을 기르고자 이 책은 총 3개의 PART로 구성되어 있습니다. 'PART I. SFPC 공부하기'에서는 SFPC 소개 및 온라인 저지(Online Judge) 이용 방법을 담았고, 파이썬 기초 문법과 온라인 저지를 이용한 학습 방법을 포함하였습니다.

'PART II. SFPC 준비하기'에서는 2021 SFPC 제주, 2022 SFPC 경북, 2023 SFPC 전북 대회의 준비하기 기출 문제를 해결하는 방법과 예시 코드를 제시하였습니다. 단순히 예시 코드를 따라 쳐보는 것이 아니라 문제를 분석하여 추상화하고, 알고리즘을 설계하는 방법을 담고 있습니다.

'PART III. SFPC 도전하기'에서는 제주, 경북, 전북 대회의 도전하기 기출 문제를 제시하였습니다. PART II에서 학습한 것을 바탕으로 스스로 문제를 해결할 수 있도록 구성하였으므로 **추상화와 알고리즘, 프로그래밍을 아우르는 컴퓨**

팅 사고력이 향상될 것입니다. 도전하기 문제의 해결 방법과 예시 코드는 '풀이'에서 확인할 수 있습니다.

학교에서 친구들과 함께 **'생각하고, 소통하고, 협력하며 코딩'**하세요! 프로그래밍을 배워야 하는 이유를 스스로 찾고, 친구들과 함께 여러분의 미래를 준비할 수 있을 것입니다.

대한민국의 모든 정보 선생님이 응원하겠습니다.

저자 일동

차례

PART I

SFPC 공부하기

PART II SFPC 준비하기

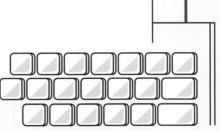

차례

PART

III

SFPC 도전하기

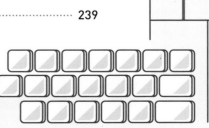

SFPC 공부하기

PART I에서는 SFPC(School Friends Programming Challenge, 학교 친구 프로그래밍 챌린지)가 어떤 대회인지를 소개하고, 대회가 진행되는 방식부터 채점 과정 및 방법, 그리고 학생들이 많이 쓰는 프로그래밍 언어인 파이썬의 기초에 대해서 안내한다.

SFPC란?

○○○

SFPC(School Friends Programming Challenge, 학교 친구 프로그래밍 챌린지)
는 한국정보교사연합회(KAIT; Korea Association of Informatics Teachers)에서
개최하는 대회로, 프로그래밍을 좋아하는 중고등학생들이라면 누구나 도전하고 즐길
수 있는 프로그래밍 챌린지이다. SECTION 01에서는 SFPC의 목적과 성격 및 특징을
안내하고 SFPC Week를 구성하는 공부하기, 준비하기, 도전하기에 대한 소개를 통해
SFPC를 자세히 알아본다.

01 SFPC의 목적과 성격

SFPC의 목적과 성격은 다음과 같다.

- 프로그래밍 챌린지의 진입 장벽을 낮춰 프로그래밍에 관심 있는 보통 학생이라면 누구나 프로그래밍으로 문제 해결을 할 수 있는 장을 제공한다.
- 지나친 경쟁과 순위(시상)에 따른 위화감으로부터 벗어나, 도전과 협력을 통해 다양한 문제를 해결하는 경험을 제공하여 프로그래밍에 대한 관심을 높이고 정보 교육의 저변을 확대한다.
- 정식 참가자(Participants)는 일반고 학생으로 하되 중학생, 특성화·특목고 학생, 교사 및 예비 교원 등도 시범 참가자(Observers)로 참여할 수 있는 기회를 제공한다.
- 공교육 정보 교사들이 직접 챌린지를 기획하고 운영하며, 교사 및 예비 교원(컴퓨터교육과)이 직접 참가할 수 있도록 하여 SW·AI 교육에 대한 정보 교과 교육의 전문성을 신장한다.

▲ SFPC 홈페이지

② SFPC의 특징

SFPC는 다음과 같은 특징을 가진다.

출제 범위	일반고 정보 교육과정 기준으로 순차, 선택, 반복 구조로 해결할 수 있는 문제로 구성된다.
문항 특징	각 문제는 2, 3개의 하위 문제로 구성된다. • 첫 번째 하위 문제: 0번 문제로 불리며, 비버 챌린지와 유사한 형태로 출력문만으로 해결 가능하다. • 두 번째 하위 문제: 1번 문제로 불리며, 0번 문제에 대한 일반화 과정을 거친 문제, 입력, 처리, 출력 과정을 구현하여 해결 가능하다. • 세 번째 하위 문제: 일부 문제에 한해서 존재하며, 2번 문제로 불린다. 1번 문제의 확장이며 난이도가 높은 편이다.
채점 시스템을 이용한 진행	국제 대학생 프로그래밍 대회와 동일한 플랫폼으로 진행되어 국제 대회 표준 환경을 경험할 수 있다. 또한, 외부에서도 스코어보드를 확인할 수 있도록 제공하며, 점수 산정 방식도 국제 대회와 동일하게 운영한다.
온/오프라인 동시 진행	개최 지역 학생들은 오프라인으로, 그 외 전국의 모든 지역 학생들은 온라인으로 진행되며, 줌과 유튜브 라이브로 진행 상황을 실시간 생중계하여 모든 참가자가 함께할 수 있는 환경을 제공한다.

③ SFPC의 구성

SFPC는 SFPC Week로 운영되며 다음과 같이 공부하기, 준비하기, 도전하기의 3가지 과정으로 진행된다.

과정	기간	대상	활동 내용
공부하기	3일	• 정식 참가를 원하는 중학생 및 정보 교사가 없는 일반고 학생 • 텍스트 프로그래밍 기초 학습을 원하는 학생	• 비코/코드업을 이용한 기초 프로그래밍 학습 활동 • 운영 기간 중 이벤트 문제 해결 활동 • 기준을 충족하는 중학생 및 정보 교사가 없는 고등학생 이수자는 정식 참가 자격 부여
준비하기	1일	• 접수 신청한 모든 팀	• 팀별 계정 확인 및 접속 테스트 • 도전하기와 같은 환경에서 모의 챌린지 활동 진행(온라인)
도전하기	1일	• 접수 신청한 모든 팀	• 2시간 동안 주어진 문제를 팀원과 함께 해결하는 문제 해결 챌린지 활동 진행(온/오프라인) • 유튜브를 이용한 실시간 생중계 • 클로징 세레모니를 통한 시상식 진행

04 SFPC의 역사

SFPC는 2021년부터 시작되어 매년 새로운 개최 지역과 문제들로 진행되고 있다. 개최 지역의 특징이나 특산품 등을 반영한 포스터가 만들어지고, 그 지역을 소개하는 재미있는 문제들이 출제되어 전국의 학생들이 함께 참여하고 있다.

개최 연도	개최 지역	포스터	특징	
2021학년도	제주	KAIT 2021 SFPC 포스터	• 참가자 수: 488명 • 참가팀 수: 165팀	
			문항 목록	
			준비하기	도전하기
			주차 공간 0	자녀의 혈액형 0
			주차 공간 1	자녀의 혈액형 1
			한라봉 포장 0	해녀 비버 0
			한라봉 포장 1	해녀 비버 1
			약수 배수 놀이 0	덧셈왕 비버 0
			약수 배수 놀이 1	덧셈왕 비버 1
			산딸기 정렬 0	덧셈왕 비버 2
			산딸기 정렬 1	칭찬 스티커 0
			감귤 나무 관리 0	칭찬 스티커 1
			감귤 나무 관리 1	한라산 등반 0
				한라산 등반 1
2022학년도	경북	KAIT 2022 SFPC 포스터	• 참가자 수: 1,022명 • 참가팀 수: 406팀	
			문항 목록	
			준비하기	도전하기
			경상북도 시군 이름 0	DNA 전사 0
			경상북도 시군 이름 1	DNA 전사 1
			좋아하는 보석 0	시침과 분침 0
			좋아하는 보석 1	시침과 분침 1
			청송 황금 사과 0	영덕대게와 울진대게 0
			청송 황금 사과 1	영덕대게와 울진대게 1
			청송 황금 사과 2	영덕대게와 울진대게 2
			독도 새우 잡이 0	월영교 건너기 0
			독도 새우 잡이 1	월영교 건너기 1
			특산물 교환 0	울릉도 전기차 0
			특산물 교환 1	울릉도 전기차 1

개최 연도	개최 지역	포스터	특징
2023학년도	전북		• 참가자 수: 1,600명 • 참가팀 수: 626팀 • 공부하기 과정 신설
2024학년도	충남	준비 중	• 2025년 1월 개최 예정 • 문항 준비 중

문항 목록	
준비하기	도전하기
고창 여행 0	당일치기 전주 여행 0
고창 여행 1	당일치기 전주 여행 1
고추장 항아리 0	군산 스탬프 투어 0
고추장 항아리 1	군산 스탬프 투어 1
고추장 항아리 2	군산 스탬프 투어 2
야채빵과 단팥빵 0	임실 치즈 0
야채빵과 단팥빵 1	임실 치즈 1
전주비빔밥 0	임실 치즈 2
전주비빔밥 1	롱케이크 0
특산물 선물 세트 0	롱케이크 1
특산물 선물 세트 1	흑백 이미지 생성 0
	흑백 이미지 생성 1

SECTION

02 SFPC 채점 시스템

○○○

프로그래밍 대회에서는 제출된 코드를 실행하여 채점 데이터를 입출력한 후, 결과를 실시간으로 피드백하여 알려준다. SFPC에서는 대학생 프로그래밍 챌린지에 사용되는 DOMjudge를 사용한다. 또한, 비버 챌린지, 정보 올림피아드 등의 문제를 체험할 수 있는 플랫폼인 비코(BIKO)를 통해 기초를 학습하고, 코드업(CodeUp) 사이트를 통해 재미있는 소재와 다양한 수준의 프로그래밍 기초 문제들을 경험해 볼 수 있다.

01 DOMjudge

SFPC는 국제 대학생 프로그래밍 대회(ICPC)에서 사용되고 있는 공식 채점 시스템인 DOM-judge를 사용한다.

DOMjudge 이름은 네덜란드 위트레흐트(Utrecht)에 있는 돔타워(Dom Tower)의 이름에서 따왔으며, 돔타워를 형상화한 공식 로고에는 1과 0이 포함되어 있다. DOMjudge는 2004년 네덜란드 프로그래밍 챔피언십을 위해서 처음 개발되었으며, 이후 ICPC를 포함한 전 세계 프로그래밍 챌린지에서 공식 채점 시스템으로 사용되고 있다.

About the name and logo

The name of this judging system is inspired by a very important and well known landmark in the city of Utrecht: the Dom tower. The logo of the 2004 Dutch Programming Championships (for which this system was originally developed) depicts a representation of the Dom in zeros and ones. We based the name and logo of DOMjudge on that.

We would like to thank Erik van Sebille, the original creator of the logo. The logo is under a GPL licence, although Erik first suggested a "free as in beer" licence first: you're allowed to use it, but you owe Erik a free beer in case might you encounter him.

▲ DOMjudge 이름과 로고의 유래
(https://www.domjudge.org/docs/manual/8.2/overview.html)

DOMjudge는 ICPC와 같은 실시간 프로그래밍 콘테스트를 운영하기 위해 만들어진 실시간 콘테스트 대회 전용 온라인 채점 시스템이라고 할 수 있다.

DOMjudge를 사용하면 여러 팀이 동시에 콘테스트에 참여하여 문제를 확인하고, 그 문제를 해결할 수 있는 코드를 작성하여 제출한 후 작성한 결과를 실시간으로 피드백할 수 있을 뿐만 아니라, 시스템 및 각종 문제에 대한 질문을 콘테스트 관리팀과 실시간으로 주고받고 각종 안내사항을 공지할 수 있다.

1 DOMjudge 관련 사이트

DOMjudge는 오픈 소스로 개발되고 배포되는 채점 시스템으로서 다음과 같은 채널들을 통해 지속적으로 개선 및 개발되어 공개되고 있으며, 전 세계 누구나 함께 참여하여 오류 보고, 기능 개선 및 개발 등에 함께 공헌할 수 있다.

- 공식 사이트(https://www.domjudge.org)
- 공식 커뮤니케이션 협업 채널(https://domjudge-org.slack.com)
- 공식 깃허브(https://github.com/DOMjudge/domjudge)

(1) 공식 사이트

공식 사이트에서는 DOMjudge 소개, 커뮤니케이션 협업 채널 링크, 각종 문서 자료, 데모 시스템, 오픈 소스 개발 관련 링크, DOMjudge 관련 도구 및 확장 기능, 최신 버전 DOMjudge 다운로드 기능 등을 제공하고 있다(2024.07월 현재 최신 버전-DOMjudge 8.3.0).

▲ 공식 사이트(https://www.domjudge.org)

(2) 공식 커뮤니케이션 협업 채널

공식 커뮤니케이션 협업 도구로서 슬랙(slack)*을 사용하고 있으며, 전 세계 DOMjudge 사용자 및 핵심 개발자들과 DOMjudge에 대한 각종 오류 및 개선 사항 등을 실시간으로 논의할 수도 있다.

▲ 공식 커뮤니케이션 협업 채널(https://domjudge-org.slack.com)

(3) 공식 깃허브

공식 깃허브에서는 DOMjudge 채점 시스템의 소스 코드들을 공유하고 있기 때문에 누구나 자신의 깃허브로 포크해서 코드들을 살펴보고 개선에 참여할 수 있다. 하지만, DOMjudge 코드의 개선 사항들은 공식 슬랙을 통해 먼저 논의가 이루어진다.

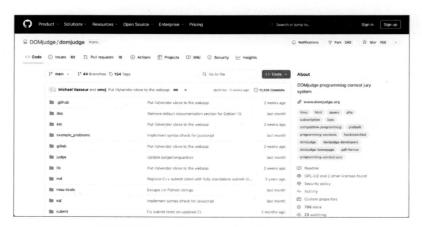

▲ 공식 깃허브(https://github.com/DOMjudge/domjudge)

---

* 슬랙(slack) 클라우드 서비스 기반의 팀 커뮤니케이션 플랫폼으로서, 사용자 간 채팅, 다이렉트 메시징, 파일 전송, 사용자 검색 등의 기능을 제공하며 많은 기업들에서는 업무용 메신저로 도입하여 사용하고 있다.

2 DOMjudge 설치 및 운영

DOMjudge 공식 사이트에서는 공식 문서 자료로서 DOMjudge 설치 및 운영을 위한 내용들을 자세히 제공하고 있기 때문에, 웹 서버 및 웹 프로그래밍과 관련하여 지식과 충분한 경험을 가진 사람들은 누구나 DOMjudge를 설치해서 운영해 볼 수 있다.

DOMjudge 시스템을 설치하기 위해서는 웹 서버, DBMS, php 프로그램이 기본으로 필요하며, 프로그래밍 콘테스트에서 사용할 프로그래밍 언어들을 설치하고 콘테스트 운영과 관련한 기능들을 정확하게 설정해야 한다.

▲ DOMjudge 8.3 매뉴얼 페이지
(https://www.domjudge.org/docs/manual/8.3/index.html)

DOMjudge 운영을 위해서는 크게 2개의 시스템이 필요하다. 콘테스트 문제 등록, 사용자 등록, 콘테스트 등록 및 설정, 콘테스트 운영 및 모니터링 등을 위한 서버 시스템이 1개 필요하고, 콘테스트 중에 제출되는 코드들을 채점하여 결과를 처리하는 채점 호스트 시스템이 1개 이상 필요하다.

DOMjudge 시스템을 성공적으로 설치하면 다음과 같은 사용자 웹 페이지 화면을 확인할 수 있다.

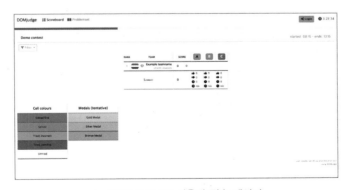

▲ DOMjudge 8.3 사용자 접속 페이지

성공적으로 설치되면 간단한 채점 테스트를 위한 demo 대회와 3개의 샘플 문제가 제공되며, 시스템 접속 및 채점 테스트 등을 수행할 수 있고, 관리자 페이지에서는 콘테스트 운영, 콘테스트 관리 등을 위한 메뉴를 확인할 수 있다.

▲ DOMjudge 8.3 관리자 페이지

DOMjudge는 안정적인 시스템 운영 및 채점을 위해서 작성한 소스 코드를 직접 업로드하여 제출하는 방식으로 채점이 이루어지며, 업로드 후 일정 시간이 지난 후에 채점 결과를 확인할 수 있다.

SFPC에서는 영어에 익숙하지 않은 학생들을 위해서 한글화된 사용자 웹 페이지를 제공하고 있으며, 수천 명 이상의 동시 접속과 수만 건의 제출 코드를 안정적으로 채점하기 위해서 아마존 웹 서비스(AWS)에서 제공하는 고사양의 EC2(Elastic Computing Cloud)를 여러 대 사용하고 있다.

SFPC는 매년 보다 많은 학생들이 참여하여 안정적으로 프로그래밍 콘테스트를 경험할 수 있도록 지속적으로 개선되고 있다.

02 비코(BIKO)

'모두의 코딩 학교' 비코는 무료 프로그래밍 학습 플랫폼이다. 누구나 쉽게 프로그래밍을 단계적으로 학습할 수 있도록 다양한 난이도와 유형의 문제를 제공하며, 학교 교육 현장에서 비코의 문제들로 프로그래밍 수업을 운영할 수 있도록 클래스 기능을 지원하고 있다.

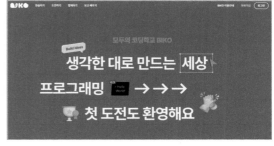

▲ 비코(https://biko.kr)

1 비코의 문제 유형

비코는 컴퓨팅 사고력 증진을 위한 문제부터 텍스트 코딩이 필요한 문제까지 다양한 난이도와 유형의 문제를 제공한다. 또한, 모든 문제를 프로그래밍 숙련 정도에 따라 세 단계로 분류해 제공하고 있다.

▲ 비코에서 제공하는 문제 유형

(1) 사고력 키우기

- 객관식 문제: 정답이 될 수 있는 여러 개의 후보 중에서 정답을 찾는 문제
- 주관식 문제: 답안 칸에 정답을 작성하여 제출하는 문제
- 인터랙티브 문제: 시스템과의 상호 작용을 통해 정답을 도출하는 문제

(2) 프로그래밍 연습 문제

- 빈 칸 채우기 문제: 프로그래밍 문법에 대한 지식이 없어도 앞뒤 코드를 통해 정답을 도출하는 문제

(3) 프로그래밍 실전 문제

- 코드 작성 문제: 처음부터 마지막까지 프로그래밍 언어를 작성하여 정답을 제출하는 문제

2 비코의 학습 유형

비코에서는 연습하기, 도전하기, 보고 배우기, 함께하기 메뉴를 제공한다.

(1) 연습하기

프로그래밍 입문자를 위해 선별한 문제를 제공하고 있으며, 모든 문제는 1~10단계의 난이도로 구분된다.

(2) 도전하기

SFPC, 비버 챌린지, 한국 정보 올림피아드, 넥슨 청소년 프로그래밍 챌린지(NYPC) 등의 기출 문제를 제공하고 있다.

(3) 보고 배우기

비코가 처음인 사람을 위한 주요 서비스 사용법이 담긴 튜토리얼부터 다양한 문제의 해설까지, 프로그래밍을 통해 컴퓨팅 사고력을 키우고 싶은 모든 사람을 위한 영상 강의가 제공되고 있다.

(4) 함께하기

비코의 다양한 문제들로 맞춤 커리큘럼을 구성해 학교 수업을 운영할 수 있는 클래스 기능이다. 초중고 정보 교사라면 누구나 이용 권한을 신청하여 [함께하기]를 활용해 수업 운영이 가능하며, 학생들은 선생님의 수업 그룹에 가입해 수업 참여 및 과제를 수행할 수 있다.

3 비코 문제 화면

코드 작성 문제는 다음과 같이 화면이 구성되어 있다.

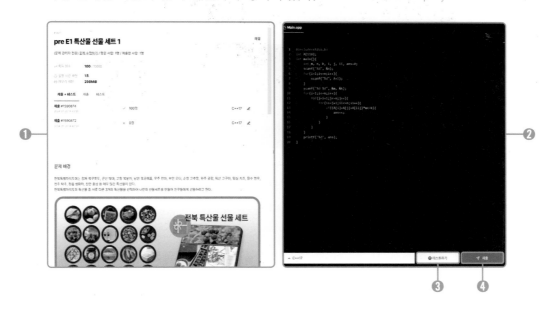

❶ 문제 설명: 문항 제목, 획득 점수, 실행 시간 제한, 메모리 제한, 제출 및 테스트 결과, 문제 배경, 문제 도전, 입력 설명, 출력 설명, 입력 예시, 출력 예시 등으로 구성되어 있다.

❷ 코드 작성 영역: 사용자가 코드를 작성할 수 있는 공간으로 C11, C++17, C++20, Java, Pypy3 중 하나의 언어를 선택하여 코드를 작성할 수 있다.

▲ 언어 선택

❸ 테스트하기: 작성한 코드를 테스트할 수 있는 버튼이다.

▲ 테스트 실행

❹ 제출: 작성한 코드를 제출하여 최종 결과를 확인할 수 있는 버튼이다.

비코 회원 가입 후 [연습하기], [도전하기]의 문제 풀이 및 [보고 배우기]의 해설 영상으로 프로그래밍 공부를 시작해 보자.

03 코드업(CodeUp)

코드업(https://codeup.kr)은 2012년에 개발하여 현재까지 운영 중인 온라인 저지 사이트이다. 국내외 대부분 온라인 저지들은 프로그래밍 대회나 알고리즘 트레이닝 위주로 운영되어 프로그래밍에 입문하려는 학생들이 접근하기에는 다소 어려움이 있다. 이에 비해 코드업은 프로그래밍 입문자들이 쉽게 접근하여 프로그래밍에 흥미를 느끼게 구성되어 있으며, 컴퓨팅 사고를 통해 문제를 해결하는 방법을 학습하는 사이트이다.

코드업은 프로그래밍의 기본 개념인 입·출력문, 조건문, 반복문, 배열, 함수 등을 학습할 수 있는 다양한 문제들로 구성되어 있으며 C, C++, Java, Python, PyPy3 언어를 지원한다. 또한, 코드업에서는 다양한 피드백과 게시판을 통해 문제를 올바르게 해결했는지 확인할 수 있다.

2021년부터 시작된 SFPC 준비하기와 도전하기 기출 문제를 모두 보유하고 있어 대회를 위한 연습을 하기에 부족함이 없다.

2021 SFPC 제주		https://codeup.kr/problemsetsol.php?psid=35			

문제집 : SFPC 2021
(2021 SFPC 제주 문제집입니다.)

번호	문제명		출처	AC	제출	성공률
2311	주차 공간0	스페셜 저지	2021SFP	769	1621	47.4%
2312	주차 공간1		2021SFP	721	1372	52.6%
2313	한라봉 포장0	스페셜 저지	2021SFP	910	1242	73.3%
2314	한라봉 포장1		2021SFP	971	1568	61.9%
2315	약수 배수 놀이0	스페셜 저지	2021SFP	975	1981	49.2%
2316	약수 배수 놀이1		2021SFP	157	3394	4.6%
2317	산딸기 정렬0	스페셜 저지	2021SFP	578	1166	49.6%
2318	산딸기 정렬1		2021SFP	457	1212	37.7%
2319	감귤 나무 관리0	스페셜 저지	2021SFP	584	871	67%
2320	감귤 나무 관리1		2021SFP	475	1043	45.5%
2321	자녀의 혈액형0	스페셜 저지	2021SFP	661	1567	42.2%
2322	자녀의 혈액형1		2021SFP	405	1313	30.8%
2323	해녀 비버0	스페셜 저지	2021SFP	782	1100	71.1%
2324	해녀 비버1		2021SFP	650	1533	42.4%
2325	덧셈왕 비버0	스페셜 저지	2021SFP	471	1177	40%
2326	덧셈왕 비버1		2021SFP	403	788	51.1%
2327	덧셈왕 비버2		2021SFP	240	768	31.3%
2328	칭찬 스티커0	스페셜 저지	2021SFP	389	875	44.5%
2329	칭찬 스티커1		2021SFP	209	1320	15.8%
2330	한라산 등반0	스페셜 저지	2021SFP	441	1583	27.9%
2331	한라산 등반1		2021SFP	216	1261	17.1%

문제집 : SFPC 2022

(2022 SFPC 경북 문제집입니다.)

번호	문제명	출처	AC	제출	성공률
2332	경상북도 시군 이름 0 스페셜 저지	2022SFP	234	334	70.1%
2333	경상북도 시군 이름 1	2022SFP	337	527	63.9%
2334	좋아하는 보석 0 스페셜 저지	2022SFP	272	1347	20.2%
2335	좋아하는 보석 1	2022SFP	301	522	57.7%
2336	청송 황금 사과 0 스페셜 저지	2022SFP	145	772	18.8%
2337	청송 황금 사과 1	2022SFP	100	489	20.4%
2338	청송 황금 사과 2	2022SFP	87	235	37%
2339	독도 새우잡이 0 스페셜 저지	2022SFP	308	444	69.4%
2340	독도 새우잡이 1	2022SFP	118	632	18.7%
2341	특산물 교환 0 스페셜 저지	2022SFP	267	378	70.6%
2342	특산물 교환 1	2022SFP	323	560	57.7%
2343	DNA 전사 0 스페셜 저지	2022SFP	254	370	68.6%
2344	DNA 전사 1	2022SFP	235	554	42.4%
2345	시침과 분침 0 스페셜 저지	2022SFP	157	363	43.3%
2346	시침과 분침 1	2022SFP	112	241	46.5%
2347	영덕대게와 울진대게 0 스페셜 저지	2022SFP	230	408	56.4%
2348	영덕대게와 울진대게 1	2022SFP	227	375	60.5%
2349	영덕대게와 울진대게 2	2022SFP	130	384	33.9%
2350	월영교 건너기 0 스페셜 저지	2022SFP	138	529	26.1%
2351	월영교 건너기 1	2022SFP	99	303	32.7%
2352	울릉도 전기 자동차 0 스페셜 저지	2022SFP	145	548	26.5%
2353	울릉도 전기 자동차 1	2022SFP	144	547	26.3%

문제집 : SFPC 2023

(2023 SFPC 전북 문제집입니다.)

번호	문제명	출처	AC	제출	성공률
2361	고창 여행 0 스페셜 저지	2023SFP	93	164	56.7%
2362	고창 여행 1	2023SFP	84	121	69.4%
2363	고추장 항아리 0 스페셜 저지	2023SFP	129	229	56.3%
2364	고추장 항아리 1	2023SFP	257	593	43.3%
2365	고추장 항아리 2	2023SFP	97	204	47.5%
2366	야채빵과 단팥빵 0 스페셜 저지	2023SFP	68	149	45.6%
2367	야채빵과 단팥빵 1	2023SFP	47	137	34.3%
2368	전주 비빔밥 0 스페셜 저지	2023SFP	123	163	75.5%
2369	전주 비빔밥 1	2023SFP	215	294	73.1%
2370	특산물 선물 세트 0 스페셜 저지	2023SFP	62	189	32.8%
2371	특산물 선물 세트 1	2023SFP	68	107	63.6%
2372	당일치기 전주 여행 0 스페셜 저지	2023SFP	64	130	49.2%
2373	당일치기 전주 여행 1	2023SFP	28	72	38.9%
2374	군산스탬프투어 0 스페셜 저지	2023SFP	75	119	63%
2375	군산스탬프투어 1	2023SFP	49	77	63.6%
2376	군산스탬프투어 2	2023SFP	32	57	56.1%
2377	임실 치즈 0 스페셜 저지	2023SFP	106	180	58.9%
2378	임실 치즈 1	2023SFP	65	180	36.1%
2379	임실 치즈 2	2023SFP	126	459	27.5%
2380	롤케이크 0 스페셜 저지	2023SFP	90	146	61.6%
2381	롤케이크 1	2023SFP	106	188	56.4%
2382	흑백 이미지 생성 0 스페셜 저지	2023SFP	56	103	54.4%
2383	흑백 이미지 생성 1	2023SFP	32	167	19.2%

SECTION 03 문제 해결을 위한 파이썬 기초

프로그래밍을 처음 시작할 때는 낯선 문법과 명령어들이 어렵게 느껴질 수 있다. 그러나 파이썬은 단순하고 직관적인 문법 덕분에 많은 사람이 첫 프로그래밍 언어로 선택하고 있다. 이번 SECTION에서는 파이썬의 기본 문법과 명령어 및 컴퓨터와 소통하는 방법을 알아본다. 자료형, 입·출력문, 조건문, 반복문, 리스트 같은 핵심 개념을 이해하고 응용하면, 문제 해결을 위한 프로그래밍 기초 실력을 갖출 수 있다.

01 출력문

1 문자열

문자열(string)이란 문자, 단어 등으로 구성된 문자들의 집합을 말한다.

예시	"Life is too short, You need Python" "a" "123"

모든 문자열은 큰따옴표(" ") 또는 작은따옴표(' ')로 둘러싸여 있다. 즉, 따옴표로 둘러싸여 있으면 모두 문자열이라고 보면 된다.

2 출력 명령어

출력 명령어는 print( )이다. 명령어 형식대로 출력을 뜻하는 영단어 print에 소괄호가 붙는다. print( ) 안에 문자열을 넣고 실행하면, 괄호 안의 문자열이 출력된다.

예시	**"문장" 출력** print("문장")

• 명령을 여러 번 사용하면 여러 줄에 걸쳐서 출력할 수 있다.

- 하나의 print( ) 안에서 콤마(,)를 사용하면 여러 문자열을 한 줄에 출력할 수 있다.
- 콤마 사이의 문장에는 공백이 한 칸 출력됨에 유의한다.

명령문	출력 결과
print("문장1", "문장2")	문장1 문장2

3 주석문(설명문)

프로그래밍 코드를 이해하기 위해 코드 옆에 설명을 붙이고 싶을 때 사용하는 것이 주석이다. 주석은 '#' 기호를 이용하여 표현한다.

- '#'을 쓴 뒤에 쓰는 내용은 주석으로 처리된다. 단, 문자열 안에 '#'이 들어 있는 경우는 주석이 아니다.
- 주석은 프로그래밍 실행에 영향을 주지 않는다. 즉, '#' 이후에 작성된 내용은 컴파일러가 보기에 내용이 없는 것과 같다.
- 주석은 코드를 다시 사용할 가능성이 있거나, 임시로 지울 때에도 자주 사용된다.

예시 **출력문의 주석**

```
print(a)   # 이것은 설명문입니다.
```

02 변수와 자료형

1 변수

- 변수는 데이터를 저장하는 공간으로, 값을 저장하고 해당 값을 불러오기 위해 사용된다.
- 변수는 이름을 가지는데, 프로그램을 작성하는 사람이 마음대로 정할 수 있다.
- 변수 이름 작성에는 몇 가지 규칙이 있지만, 일반적으로 알파벳으로 시작하고 숫자를 섞어 사용하면 크게 문제되지 않는다.

2 변수 값 저장

- 파이썬에서는 '=' 연산자를 사용하여 변수에 값을 저장한다.
- '='를 기준으로 변수명을 왼쪽에, 값을 오른쪽에 쓴다.

- 오른쪽에는 값뿐만 아니라, 수식이나 다른 변수도 사용할 수 있다.

변수명=값

예시	region이라는 변수에 "파이썬"을 저장
	region="파이썬"

3 자료형

(1) 정수(integer)와 실수(float)

정수는 소수점 없는 수를 말하며, 실수는 소수점이 있는 수를 말한다. 예를 들어 5는 정수이고, 5.0은 실수이다.

(2) 문자열(string)

문자, 단어 등으로 구성된 텍스트이다. 파이썬에는 큰따옴표(" ")나 작은 따옴표(' ')로 표현한다.

4 자료형 변환

자료형은 서로 변환이 가능하다.

- int( ): 정수형으로 변환하는 함수
- float( ): 실수형으로 변환하는 함수
- str( ): 문자형으로 변환하는 함수

5 타입 확인(type)

변수의 타입이 무엇인지 확인할 수 있는 명령이 type( )이다.

예시	타입 확인
	a=2023 # 정수
	b=3.14 # 실수
	c="Hello" # 문자열

```
print(type(a))  # <class 'int'> (정수)
print(type(b))  # <class 'float'> (실수)
print(type(c))  # <class 'str'> (문자열)
```

⑩ 입력문(input)

① input( ) 함수

• 이 함수는 사용자가 키보드로 입력한 내용을 문자열로 처리한다.
• 키보드로 입력된 값을 저장하기 위해 변수도 필요하다.

input( ) 함수는 아래와 같은 형태로 많이 사용된다.

```
a=input( )    # 키보드로 입력한 내용이 변수 a에 저장됨
```

② 문자와 정수

• 문자열 "5"와 정수 5는 컴퓨터에서 전혀 다른 구조를 가진다.
• 일단 문자열 "5"는 산술 연산(+, −, *, /, %)이 되지 않으므로, 정수 형태로 변환이 필요하다.
  이때 사용되는 명령이 int( )이다.

예시	문자와 정수

	a="5" # 변수 a에 문자열 5를 저장한다.
	a=int(a) # 변수 a의 값을 정수형으로 변환한다.
	          # 이 명령으로 a=5가 된다.

③ 문자열 연산

• 문자열은 문자열끼리 '+' 연산이 가능하다.
• '문자열1+문자열2'를 하면 문자열1과 문자열2를 이어서 하나의 문자열로 만들어 준다.

문자열 덧셈

코드	실행 결과
a="Hell" b="o" c=a+b print(c)	Hello

4 한 줄에 두 개 이상의 정수가 입력될 때 처리

- input( )은 무조건 한 줄을 입력받는 명령이다.
- 한 줄에 공백을 기준으로 잘라서 입력받으려면 input( ).split( ) 명령을 사용한다.
- input( ).split( )로 잘려진 부분들도 모두 문자열로 처리된다.
- 잘려진 개수만큼 좌변에 변수1, 변수2, … 형식으로 작성한다.
- 입력 후 정수로 처리하려면 int( )를 이용하여 각각 변환한다.

아래 형태는 자주 등장하므로 익혀두도록 한다.

```
a,b=input( ).split( )
a=int(a)
b=int(b)
```

5 만약 공백이 아니라 '/'로 구분하려면?

- input( ).split( ) 명령은 기본적으로 공백을 기준으로 분리시킨다.
- 공백이 아니라 다른 문자로 구분하려면 split( )에서 괄호 안에 해당 문자를 지정해 준다.

예시 **다음과 같은 형식으로 날짜 입력 시**

2023/1/15

처리 방법은 다음과 같다.

```
year,month,day=input().split('/')  # '/'로 분리
year=int(year)
month=int(month)
day=int(day)
```

04 연산자

1 산술 연산자

더하기, 빼기, 곱하기, 제곱 연산자는 다음과 같다.

연산자	설명	사용 예
+	더하기	a+b
−	빼기	a−b
*	곱하기	a*b
**	제곱	a**2

2 정수 몫과 정수 나머지

프로그래밍에서는 몫과 나머지 연산이 자주 활용된다.

연산자	설명	사용 예
/	실수 나눗셈의 몫을 구하는 것으로, 소수점이 나와도 끝까지 나눔	a/b
//	정수 나눗셈의 몫을 구함	a//b
%	정수 나눗셈의 몫을 제외한 나머지를 구함	a%b

예시	$7 \div 3 = 2 \ldots 1$
	$7 // 3 \to 2$
	$7 \% 3 \to 1$

3 정수의 자릿수 분리

10^n을 나눈 몫과 나머지 연산자를 이용하면 정수의 원하는 부분만 분리할 수 있다.

s = 51234	s//10 = 5123	s%10 = 4
	s//100 = 512	s%100 = 34
	s//1000 = 51	s%1000 = 234
	s//10000 = 5	s%10000 = 1234

4 소수점 자리 지정

실수를 출력할 때 소수점 이하 몇 자리까지 표시할지 설정해야 하는 경우가 있다. 이때 round( ), f-string 등 여러 가지 방법이 있지만, 여기에서는 format( ) 함수에 대해 알아보자.

• format( ) 함수 형식

```
format(실수, ".자릿수f")
```

예시
```
pi=3.141592
pi=format(pi, ".1f")   # 3.1
pi=format(pi, ".2f")   # 3.14
pi=format(pi, ".3f")   # 3.142
pi=format(pi, ".4f")   # 3.1416
```

만약 ".3f"인 경우 소수점 4번째 자리에서 반올림하여 3번째 자리까지 값을 얻는다.

5 비교 연산자(관계 연산자)

비교 연산자는 두 값의 관계를 평가하거나 비교하여 참 또는 거짓을 반환한다.

비교 연산자	설명	사용 예
>	왼쪽 값이 오른쪽 값보다 크면 True를 반환	a > b
<	왼쪽 값이 오른쪽 값보다 작으면 True를 반환	a < b
>=	왼쪽 값이 오른쪽 값보다 같거나 크면 True를 반환	a >= b
<=	왼쪽 값이 오른쪽 값보다 같거나 작으면 True를 반환	a <= b
==	왼쪽 값이 오른쪽 값과 서로 같으면 True를 반환	a == b
!=	왼쪽 값이 오른쪽 값과 서로 다르면 True를 반환	a != b

6 논리 연산자

논리 연산자는 복잡한 조건을 표현할 때 사용된다. and 연산자와 or 연산자는 두 조건 사이의 관계에 따라 선택된다.

연산자	설명	사용 예
and	모든 조건이 참인 경우, 결과가 참이 됨	A and B
or	조건 중 한 개만 참이면, 결과가 참이 됨	A or B
not	참은 거짓으로, 거짓은 참으로 변환	not A

예시	**두 수의 합이 20 이상이고, 짝수인 경우** a+b>=20 and (a+b)%2==0

더 알아보기

연산자 우선순위

수학에서 곱하기와 나누기가 더하기와 빼기보다 우선순위가 높은 것처럼, 프로그래밍에서도 연산자의 우선순위가 있다. 연산자 우선순위 표가 있지만, 이를 외우기보다는 괄호를 사용해 우선순위를 지정하는 것이 더 효율적이다. 괄호의 우선순위가 가장 높기 때문이다.

순위	연산자	설명
1	( )	괄호
2	**	지수
3	+x, -x, ~x	양수, 음수, 비트 연산 not
4	*, /, //, %	곱하기, 실수 몫, 정수 몫, 나머지
5	+, -	더하기, 빼기
6	≪, ≫	왼쪽 시프트, 오른쪽 시프트(비트 연산)
7	&	and(비트 연산)
8	|	or(비트 연산)
9	in, not in, is, is not, <, <=, >, >=, !=, =	포함 관계 및 대소 비교
10	not x	not(논리 연산)
11	and	and(논리 연산)
12	or	or(논리 연산)

05 조건문

1 if문

if문은 조건을 검사하여 특정한 동작을 실행하도록 하는 조건문이다. 조건이 만족하지 않으면 실행되지 않는다.

- 조건이 참(True)일 때 코드 블록을 실행하고, 조건이 거짓(False)일 때는 실행하지 않는다.
- 조건이 참인 경우 실행되는 명령의 개수는 제한이 없다.

형식	if 조건식: 　　　조건이 참인 경우 실행되는 명령 　　　조건이 참인 경우 실행되는 명령 　　　…

2 if~else문

조건을 검사하여 참인 경우 A 명령을, 거짓인 경우 B 명령을 실행하는 구조이다.

- if 문에 else가 추가된 구문으로, 조건이 참(True)일 때 코드 블록 1을 실행하고, 조건이 거짓 (False)일 때는 코드 블록 2를 실행하는 구조이다.
- 코드 블록 내에 명령의 개수는 제한이 없고 들여쓰기로 영역을 구분한다.

형식	if 조건식:
	　　　조건이 참인 경우 실행되는 코드 블록 1
	　　　…
	else:
	　　　조건이 참인 경우 실행되는 코드 블록 2
	　　　…

3 중첩 if~else문

if~else문은 조건을 판단하는 부분에서 자주 사용된다. 복잡한 조건인 경우 if문 안에 if문을 또 사용할 수 있는데, 이를 중첩 if문이라고 한다.

- if문 안에 또 if문을 사용할 수 있다.
- if문은 여러 번 중첩해서 사용할 수 있다.

```
if 조건식 1:
    if 조건식 2:
        조건식 1과 조건식 2가 참인 경우 실행되는 코드 블록
    else:
        조건식 1은 참, 조건식 2는 거짓인 경우 실행되는 코드 블록
    ...
else:
    조건식 1이 거짓인 경우 실행되는 코드 블록
```

형식2

```
if 조건식 1:
    조건식 1이 참인 경우 실행되는 코드 블록
else:
    if 조건식 2:
        조건식 1은 거짓, 조건식 2는 참인 경우 실행되는 코드 블록
    else:
        조건식 1은 거짓, 조건식 2도 거짓인 경우 실행되는 코드 블록
    ...
```

형식3

```
if 조건식 1:
    if 조건식 2:
        조건식 1과 조건식 2가 참인 경우 실행되는 코드 블록
    else:
        조건식 1은 참, 조건식 2는 거짓인 경우 실행되는 코드 블록
    ...
else:
    if 조건식 3:
        조건식 1은 거짓, 조건식3은 참인 경우 실행되는 코드 블록
    else:
        조건식 1은 거짓, 조건식 3도 거짓인 경우 실행되는 코드 블록
    ...
```

4 if~elif…else문

if~else문만 이용해도 모든 조건을 표현할 수 있지만, 구조적으로 복잡해지는 문제점이 있다. 조건에 따른 결과가 3가지 이상으로 나뉘는 경우 if~elif…else 명령을 이용하면 효과적으로 프로그

램을 작성할 수 있다.

- 조건에 따른 결과가 3가지 이상인 경우 사용한다.
- 조건식의 순서는 위에서 아래로 순차적으로 확인하며 진행한다.
- 조건 확인 중 조건식이 참이 되는 경우, 해당 코드 블록만 실행하고 if~elif…else 전체를 종료한다.

형식	if 조건 1:
	　　조건 1이 True일 때 실행되는 코드 블록
	elif 조건 2:
	　　조건 2가 True일 때 실행되는 코드 블록
	
	… (계속 추가 가능) …
	
	else:
	　　위 조건이 모두 False일 때 실행되는 코드 블록

⑥ 반복문

1 while문

while은 일정한 패턴을 반복하는 반복문으로, 조건식이 참(True)인 동안에 코드 블록을 실행한다. 조건식이 거짓(False)이 되면 반복을 중단한다.

- 조건이 참인 경우 루프 안의 코드 블록을 실행한다.
- 각 반복이 끝날 때마다 다시 조건을 검사한다.
- 조건이 여전히 참이면 코드 블록이 계속 실행된다.
- 조건식이 거짓이면, 반복문이 종료된다.

형식	증감 변수=초깃값 while 반복 조건식: 　　조건이 참인 경우 실행되는 코드 　　… 　　증감식

(1) 증감 변수의 초깃값

- 반복문의 횟수를 결정하기 위해 증감 변수를 사용한다.
- 일반적으로 변수 이름을 i로 정하는 경우가 많다.
- 초깃값은 반복문의 시작 값으로 주로 1부터 지정한다.

i=1

(2) 반복 조건식

반복 조건식은 if문에서 사용하는 형식과 동일하다.

- 증감 변수가 포함된 반복 조건식을 작성한다.
- 조건식이 참인 경우, 반복문 루프가 1회 실행된다. 반복문 루프는 들여쓰기가 되어 있는 코드 부분이다.
- 1회 실행 후, 다시 반복 조건식을 확인하고, 참이면 반복문 루프를 또 실행한다.
- 무한 루프를 막기 위해 반복 조건식을 잘 설정해야 한다.

예시	Hello 출력을 반복하기

```
i=1
while i<=10:          # i가 10 이하이면 반복
    print("Hello")    # Hello를 출력
```

이 코드는 무한 반복문이다. 그 이유는 i의 값이 변화가 없기 때문이다. i의 값에 변화를 주면 무한 반복을 피할 수 있고, 반복 횟수를 정하기도 쉬워진다.

(3) 증감식

반복 변수 i 값에 변화를 주기 위해 증감식이 필요하다.

- 증감식은 반복문 루프의 마지막에 위치한다.
- 주로 1씩 증가, 또는 1씩 감소 패턴을 많이 사용하고, 다르게도 사용할 수 있다.
- i 값이 1씩 증가하는 경우 'i=i+1'을 사용해도 되고, 줄여서 'i+=1'을 사용해도 된다.
- i 값이 1씩 감소하는 경우 'i=i-1'을 사용해도 되고, 줄여서 'i-=1'을 사용해도 된다.

예시	**Hello를 10번 출력하기**

```
i=1
while i<=10:
    print("Hello")
    i+=1
```

2 1부터 n까지 출력하기

(1) 반복문 while 활용

반복 변수 i를 활용하여 출력하면 연속된 숫자를 출력할 수 있다.

예시	**1부터 5까지 출력하기**

```
i=1
while i<=5:
    print(i)
    i+=1
```

실행 결과	1 2 3 4 5

print( )는 출력 후 무조건 줄을 바꾸기 때문에, 한 줄당 하나의 숫자가 출력된다.

(2) 한 줄에 '1 2 3 4 5'를 출력하려면?

이 문제를 해결하려면 end 옵션을 이용하여 다음처럼 print문을 변경해야 한다.

```
i=1
while i<=5:
    print(i, end=" ")   # print 실행 후 줄을 바꾸지 않고 공백 한 칸을 출력한다.
    i+=1
```

(3) print의 end 옵션

- print( )에는 여러 가지 옵션이 있는데, 그중 end 옵션은 print 실행 후 줄을 바꾸는 것 대신 다른 문자를 출력할 때 사용한다.
- end의 기본 값은 줄 바꿈(\n)으로 설정되어 있어 출력 후에 새 줄로 넘어간다. 그러나 이를 공백(' ')으로 변경하면 줄이 바뀌지 않는다.

예시	1부터 3까지 한 줄에 출력하기

	``
	i=1
	while i<=3:
	    print(i, end=" ")
	    i+=1
	``

출력 결과	1 2 3

(4) print의 sep 옵션

- print( )의 여러 가지 옵션 중 print(a,b,c) 같은 형태의 콤마가 들어가는 경우 sep 옵션을 지정할 수 있다.
- print에서 콤마(,)를 사용하여 출력하는 경우, print 안의 콤마로 분리되어 있는 변수나 문자열을 한 칸 씩 띄워서 출력한다.
- sep의 기본 값은 공백(' ')이기 때문에 한 칸씩 띄워지는 것이다.
- 이를 다른 값으로 변경하면 공백 대신 다른 문자가 출력된다.

예시	sep 응용하기

	``
	i=1
	while <=3:
	    print(i, i+1, sep="/")
	    i+=1
	``

출력 결과	1/2 2/3 3/4

3 숫자 합 구하기

반복문을 이용하여 숫자들의 합을 구할 수 있다.

- 먼저 반복문이 시작되기 전에, 합을 구하는 변수를 s로 정하고, 값을 0으로 초기화한다.
- 반복 변수 i의 값을 설정하고 반복문을 작성한다.
- 변수 i의 값을 s에 누적시킨다.

```
s+=i
```

예시 **1부터 100까지 합 구하기**

```
s=0              # 합을 저장하는 변수 초기화
i=1
while i<=100:
    s+=i         # s에 I 값을 누적
    i+=1
print(s)         # 반복문 종료 후, 합 s를 출력
```

4 반복문 안의 조건문 활용하기

반복문 안에는 조건문도 사용할 수 있다. 조건문을 활용하면 다양한 프로그램을 작성할 수 있다.

예시 **1부터 100까지 짝수의 합 구하기**

```
s=0
i=1
while i<=100:
    if i%2==0:      # i가 짝수이면
        s+=i        # 누적
    i+=1
print(s)
```

반복문 실행 도중 특정 조건이 되면 반복문을 중단하고 빠져 나올 수 있다.

5 break문

반복문 안에 break문을 사용하면, 반복문을 완전히 돌지 않고 중간에 빠져 나올 수 있다. 주로 if 문에 조건을 걸어, break를 사용한다.

아래는 1부터 100까지 합을 구하는 중 합이 1,000보다 크면 빠져 나오고, 그 순간 합과 해당 수가 무엇인지 출력하는 코드이다.

```
s=0
i=1
while i<=100:
    s+=i
    if s>1000:      # 합이 1000이 넘으면
        break       # 반복문을 중단
    i+=1
print(i, s)         # 해당 수와 합
```

07 리스트

1 리스트란?

파이썬에서 가장 중요한 자료 구조가 리스트이다. 리스트는 여러 가지 데이터를 하나로 묶는 자료 구조이다. 파이썬은 리스트 관련 연산을 제공해 주고 있어 코딩을 쉽게 하도록 도와준다.

- 여러 개의 데이터를 하나의 변수에 저장할 때 사용한다.
- 리스트는 '['와 ']'를 이용하여 표현한다.
- 리스트 안의 데이터를 원소(element)라고 한다.
- 원소는 정수, 실수, 문자열 등 다양한 데이터가 될 수 있다.

예시	비어 있는 리스트 선언하기
	a=[ ] # [ ] = 비어 있는 리스트 a

예시	리스트에 원소를 넣어서 선언하기
	a=[1,7,5,2,4] # 원소가 5개인 리스트 a

예시	리스트의 크기 구하기: len(리스트)

```
a=[1,4,2]
b=len(a)
print(b)    # 3이 출력됨
```

예시	리스트의 마지막에 원소 추가하기: append(데이터)

```
a=[ ]
a.append(7)     # a=[7]이 됨
a.append(9)     # a=[7,9]가 됨
a.append(2)     # a=[7,9,2]가 됨
```

2 리스트 안의 원소 접근하기(인덱싱)

인덱스(index)를 이용하여 리스트의 원소에 접근할 수 있다. 인덱스는 리스트 내부의 데이터의 위치라고 생각하면 된다.

- 인덱스는 무조건 0부터 시작한다.
- 리스트의 첫 번째 원소는 리스트명[0]이다.

예시	원소 접근

```
a=[3,9,7,1,8]
print(a[0], a[4])    # 3 8이 출력됨
```

3 연속된 수의 리스트 생성하기

리스트에 1부터 100까지 저장한다고 가정하면 1, 2, 3, 4…100을 모두 써야 할까? range( ) 명령을 이용하면 이와 같이 연속된 수를 생성할 수 있다.

range( )로 수열을 생성하는 방법은 다양하다.

- 기본 형식은 range(시작 값, 마지막 값, 간격)의 형식을 띄고 있다.

```
range(start, end, step)
```

- 시작 값부터 '마지막 값 −1'의 값까지 일정한 간격으로 수열을 생성한다. '마지막 값 −1'의 값까지 생성됨에 유의한다.
- 간격(step)을 지정하지 않으면 기본 값인 1로 처리된다. 즉, 'range(시작 값, 마지막 값)' 형태로 쓸 수 있다.
- 특히, 0부터 수열이 시작되는 경우 시작 값도 생략할 수 있다. 즉, 'range(마지막 값)' 형태로 쓸 수 있다.

예시	range 사용

```
a=range(5)      # [0,1,2,3,4]
b=range(1,5)    # [1,2,3,4]
c=range(1,5,2)  # [1,3]
```

4 리스트로 변환하기

range로 생성된 수열을 출력하면, 리스트 형태로 출력되지 않는다. 리스트로 변환이 필요한데, 이때 list( ) 명령을 사용한다.

예시	range를 리스트로 변환하기

```
b=range(1,5)
b=list(b)       # b를 리스트로 변환
print(b)        # [1,2,3,4]
```

5 리스트와 반복문

리스트를 이용하여 반복문을 작성할 수 있는데, 이때 많이 사용되는 명령이 for이다. while 외에 for도 반복문으로 사용한다.
- while은 주로 변수 값의 증감에 따라 루프를 반복하고, for는 리스트에서 원소를 하나씩 꺼내어 반복한다.
- range나 리스트를 활용하는 경우 주로 for문을 사용한다.

형식	for 변수 in 리스트: 　　반복 실행할 코드 블록

예시	**1부터 5까지 출력하기** for x in [1,2,3,4,5]:　　　# 리스트에서 원소를 하나씩 꺼내어 x에 저장 　　print(x, end=" ")　　# 1 2 3 4 5 출력

예시	**range를 이용하여 1부터 5까지 출력하기** for x in range(1,6): 　　print(x, end=" ")　　　# 1 2 3 4 5 출력

> ※ range의 마지막 값이 6임에 유의한다.
> ※ for에서 리스트 대신 range를 쓰는 경우 굳이 'list(range( ))'를 사용하지 않아도 된다.

6 여러 개의 데이터를 리스트로 저장하기

한 줄에 n개의 데이터가 입력될 때 처리하는 방법을 안내한다. n개의 데이터가 입력되는 문제가 자주 등장하므로 반드시 알아두자.

예시	**첫 번째 줄에 n이 입력되고, 두 번째 줄에 n개의 데이터가 공백으로 분리되어 입력** n=int(input()) a=list(map(int,input().split()))

7 최댓값과 최솟값 구하기

(1) 최댓값 구하기

n개의 데이터가 리스트에 있다고 가정할 때, 최댓값은 아래와 같이 구한다.

* 최댓값을 저장할 변수를 지정한다.
* 이 변수의 초깃값은 리스트의 첫 번째 원소로 한다.
* 반복문과 조건문을 이용하여 최댓값을 찾는다.

예시	`a=[3, 5, 6, 2, 8, 9, 2, 4]`
	`m=a[0]` `# 최댓값 저장 변수 초기화`
	`for x in a:`
	    `if m<x:` `# 현재 최댓값보다 원소가 크면`
	        `m=x` `# 최댓값을 그 원소로 갱신`
	`print(m)` `# 최댓값 출력`

(2) 최솟값 구하기

n개의 데이터가 있다고 가정할 때, 최솟값은 아래와 같이 구한다.

- 최솟값을 저장할 변수를 지정한다.
- 이 변수의 초깃값은 리스트의 첫 번째 원소로 한다.
- 반복문과 조건문을 이용하여 최솟값을 찾는다.

예시	`a=[3, 5, 6, 2, 8, 9, 2, 4]`
	`m=a[0]` `# 최솟값 저장 변수 초기화`
	`for x in a:`
	    `if m>x:` `# 현재 최솟값보다 원소가 작으면`
	        `m=x` `# 최솟값을 그 원소로 갱신`
	`print(m)` `# 최솟값 출력`

8 리스트 정렬하기

여러 개의 데이터를 다루는 경우 정렬을 해야 될 때가 많다. 데이터를 리스트에 저장한 다음 정렬하는 방법을 알아보자.

오름차순 정렬	내림차순 정렬
작은 수에서 큰 수 순서로 정렬하는 방법	큰 수에서 작은 수 순서로 정렬하는 방법

(1) 오름차순 정렬

리스트 내의 원소를 오름차순 정렬하는 방법은 다음과 같다.

예시	`a=[ 3, 5, 6, 2, 4 ]`
	`a.sort()` `# 리스트 a를 오름차순 정렬`
	`print(a)` `# [2, 3, 4, 5, 6 ]`

(2) 내림차순 정렬

리스트 내의 원소를 내림차순 정렬하는 방법은 다음과 같다.

예시	a=[3, 5, 6, 2, 4] a.sort(reverse=True) # 리스트 a를 내림차순 정렬 print(a) # [6, 5, 4, 3, 2]

08 중첩 반복문

반복문 안에 반복문이 있는 형태를 중첩 반복문이라고 한다. 반복문은 여러 번 중첩할 수 있다. 이를 통해 복잡한 패턴이나 다양한 조건을 조합하여 원하는 작업을 수행할 수 있다. 중첩 반복문은 주로 이차원 배열, 행렬, 패턴을 생성하거나 복잡한 조건을 검사할 때 사용한다.

- 지금까지 배운 반복문은 while과 for이다. 중첩 시 이 두 가지를 섞어서 사용하는 것도 가능하다.
- 반복하는 코드를 여러 번 반복할 때 사용한다.

예시	구구단 1~9단 출력하기

	``
	for dan in range(1,10):
	    for i in range(1,10):
	        print(dan,"*",i,"=",dan*i)
	``

09 함수

1 내장 함수

파이썬에 기본적으로 내장되어 있는 함수를 말한다. 다음은 자주 사용하는 내장 함수이다.

함수	설명	사용 예
abs(x)	x의 절댓값을 계산	abs(−10) → 10
max(a,b,c⋯)	a, b, c⋯ 중 가장 큰 값	max(10,20,15) → 20
min(a,b,c⋯)	a, b, c⋯ 중 가장 작은 값	min(10,20,15) → 10

2 수학 함수

수학 관련 함수는 import 명령을 이용하여 관련 함수들을 불러온 후 사용이 가능하다. 프로그램의 첫 줄에 아래 코드를 작성한 후 실행한다.

```
import math
```

다음은 자주 사용되는 수학 함수이다.

함수	설명	사용 예
math.pi	π=3.141592···	r*r*math.pi → πr^2
math.sqrt(x)	x의 제곱근($\sqrt{x}$)	math.sqrt(4) → $\sqrt{4}$=2
math.sin(x) math.cos(x) math.tan(x)	sin(x), cos(x), tan(x) 값 x는 라디안	math.sin(math.pi/2) → sin(π/2)=1 math.cos(0) → cos(0)=1 math.tan(0) → tan(0)=0
math.degrees(x)	x를 라디안에서 각도로 변환	math.degrees(math.pi/2) → 90
math.radians(x)	x를 각도에서 라디안으로 변환	math.radians(180) → 3.141592···

3 사용자 정의 함수

내장된 함수 외에 사용자가 특정한 동작을 하는 명령을 만들 때 사용한다.
- 여러 명령을 하나의 명령으로 만들 때 사용한다.
- 함수를 정의할 때 매개 변수를 주면 효율적으로 코딩할 수 있다.
- 매개 변수는 없을 수도 있고, 함수는 정의 후 호출을 통해 실행된다.

(1) 함수의 정의

함수는 아래와 같은 형식으로 정의한다.

형식	
	def 함수명(매개 변수들): ···명령들 return

예시	Hello를 출력하는 함수
	def Hello( ): print("Hello")

(2) 매개 변수의 활용

함수의 매개 변수를 이용하면 효율적인 함수를 설계할 수 있다.

예시	Hello를 n번 출력하는 함수

```
def Hello(n):
    for i in range(n):
        print("Hello")
```

(3) return의 필요성

함수 실행의 결과는 출력만 하는 것이 아니다. 단순히 계산 결과를 구하고 싶을 때는 return을 활용한다.

예시	a~b까지 합을 구하는 함수

```
def Hap(a,b):
    s=0
    for i in range(a,b+1):
        s+=i
    return s
```

(4) 함수의 호출

함수의 정의만으로는 함수가 실행되지 않는다. 함수의 정의는 설계도이고 실제 실행은 호출을 통해서만 실행된다. 함수의 호출은 해당 함수의 정의에 따라 명령을 실행한다.

예시	위 함수의 호출

```
k=Hap(1,100)      # 1~100의 합을 변수 k에 저장
h=Hap(10,50)      # 10~50의 합을 변수 h에 저장
```

PART

II

SFPC

10101010
101010
1010

SFPC 준비하기

PART II는 2021 SFPC 제주, 2022 SFPC 경북, 2023 SFPC 전북의 준비하기를 통해서 소개된 15개의 문제와 각 문제의 풀이 과정을 소개한다. 이를 통하여 문제 해결 프로그래밍의 기초를 다지고 SFPC와 같은 문제 해결 프로그래밍 챌린지에 도전할 수 있는 역량을 기를 수 있도록 구성했다.

문제

문제 배경

어떤 주차장에 n개의 주차 공간이 있고, 각 주차 공간의 바닥에는 1부터 n까지의 번호가 쓰여 있다. 다음은 주차 공간이 22개인 주차장의 모습이다.

다음 그림은 첫째 날 9시의 주차 공간 상태이다.

다음 그림은 둘째 날 9시의 주차 공간 상태이다.

🎓 문제 도전

주차 공간이 n개인 주차장에 대하여 이틀간의 주차 상태를 입력받아, 이틀 동안 모두 사용하지 않은 주차 공간의 수와 이틀 동안 모두 사용한 주차 공간의 수를 출력하는 프로그램을 완성해 보자.

✅ 입력 설명

입력은 세 줄로 한다.

첫 번째 줄에는 주차 공간의 수(n), 첫 번째 날에 주차된 차량의 수(a), 두 번째 날에 주차된 차량의 수(b)를 공백으로 구분하여 입력하며, 모두 정수형이다($1 \le n \le 100$, $1 \le a \le n$, $1 \le b \le n$).

두 번째 줄에는 첫째 날 사용한 주차 공간의 번호(a_i)를 공백으로 구분하여 정수형으로 입력한다($1 \le a_i \le n$).

세 번째 줄에는 둘째 날 사용한 주차 공간의 번호(b_i)를 공백으로 구분하여 정수형으로 입력한다($1 \le b_i \le n$).

✅ 출력 설명

두 개의 수를 공백으로 구분하여 정수형으로 출력한다.

■ **입출력 예시**

입력 예시 1	출력 예시 1
10 3 8 1 3 5 1 2 4 5 7 8 9 10	1 2

입력 예시 2	출력 예시 2
10 5 5 1 2 3 4 5 6 7 8 9 10	0 0

해결

🔓 생각 열기

 주차 공간이 22개인 주차장에 아래와 같이 주차되어 있었다고 할 때, 이틀 동안 모두 사용하지 않은 주차 공간의 수와 모두 사용한 주차 공간의 수를 계산해 보자.

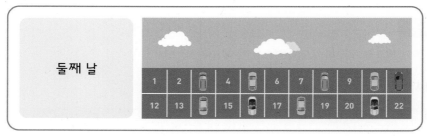

■ 알고리즘 설계

 주차 공간별 주차 횟수를 계산하기 위해 주차장과 같은 크기의 표를 만들고, 이틀간의 주차 횟수를 합산하여 입력한다.

주차 공간	1	2	3	4	5	6	7	8	9	10	11
주차 횟수	1	0	2	0	1	1	0	2	0	1	2
주차 공간	12	13	14	15	16	17	18	19	20	21	22
주차 횟수	0	0	2	0	2	0	1	1	0	2	0

 위 표에서 이틀간의 주차 횟수 합산 값이 0이면 이틀 모두 사용하지 않은 것으로 총 10개이고, 2이면 이틀 모두 사용한 것으로 총 6개이다.

생각 넓히기

주차 공간이 n개인 주차장에 이틀 동안 모두 사
용하지 않은 주차 공간의 수와 모두 사용한 주차
공간의 수를 계산하려면 어떻게 해야 할까?

1 알고리즘 설계

주차 공간별 주차 횟수를 계산하기 위한 표의 크기를 n으로 늘려서 이틀간의 주차 횟수를 합산하여 입력
하고, 그 결과가 0인 것과 2인 것의 개수를 계산하면 문제를 해결할 수 있다.

주차 공간	1	2	3	4	5	6	7	8	9	...	n
주차 횟수	1	0	2	0	1	1	0	2	0	...	2

2 프로그래밍

행	Python 코드	C/C++ 코드
01	`n, a, b = map(int, input().split())`	`#include <stdio.h>`
02	`A = input().split()`	`int L[101];`
03	`B = input().split()`	`int main()`
04	`L = [0] * (n + 1)`	`{`
05	`for i in A:`	`  int n, a, b, tmp, cnt0 = 0, cnt2 = 0;`
06	`  L[int(i)] += 1`	`  scanf("%d %d %d", &n, &a, &b);`
07	`for i in B:`	`  for (int i = 0; i < a; i++)`
08	`  L[int(i)] += 1`	`  {`
09	`cnt0 = 0`	`    scanf("%d", &tmp);`
10	`cnt2 = 0`	`    L[tmp]++;`
11	`for i in range(1, n + 1):`	`  }`
12	`  if L[i] == 0:`	`  for (int i = 0; i < b; i++)`
13	`    cnt0 += 1`	`  {`
14	`  if L[i] == 2:`	`    scanf("%d", &tmp);`
15	`    cnt2 += 1`	`    L[tmp]++;`
16	`print(cnt0, cnt2)`	`  }`
17		`  for (int i = 1; i <= n; i++)`
18		`  {`
19		`    if (L[i] == 0)`
20		`      cnt0++;`

21	
22	
23	
24	
25	
26	

```
        if (L[i] == 2)
            cnt2++;
    }
    printf("%d %d", cnt0, cnt2);
    return 0;
}
```

 ## 검증

알고리즘의 정확성 및 효율성을 검증하기 위해서 비코(https://biko.kr) 또는 코드업(https://codeup.kr)
에 접속하여 확인해 보자.

■ 비코

문제 번호	문제 이름	주소
1663	preA0 주차 공간 0	https://www.biko.kr/problem/1663
1664	preA1 주차 공간 1	https://www.biko.kr/problem/1664

■ 코드업

문제 번호	문제 이름	주소
2311	주차 공간 0	https://codeup.kr/problem.php?id=2311
2312	주차 공간 1	https://codeup.kr/problem.php?id=2312

02 한라봉 포장

안녕, 제주

🔒 문제

📖 문제 배경

비버는 상자를 이용하여 한라봉을 포장하는 아르바이트를 한다. 상자의 크기는 용량에 따라 4종류(1kg, 3kg, 5kg, 10kg)로 나뉘는데, 반드시 상자의 용량만큼 한라봉을 담아야 한다. 즉, 상자 용량보다 부족하거나, 상자 용량을 초과하여 한라봉을 담을 수는 없다.

또한, 비버는 상자를 최소한으로 사용하여 한라봉을 포장해야 한다. 예를 들어, 3kg의 한라봉을 포장하기 위해서는 1kg 상자 3개가 아닌, 3kg 상자 1개를 사용해야 한다.

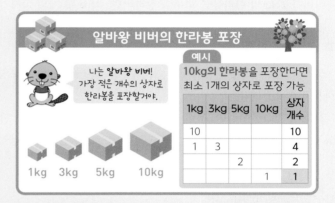

알바왕 비버의 한라봉 포장

나는 알바왕 비버! 가장 적은 개수의 상자로 한라봉을 포장할거야.

1kg 3kg 5kg 10kg

예시
10kg의 한라봉을 포장한다면 최소 1개의 상자로 포장 가능

1kg	3kg	5kg	10kg	상자 개수
10				10
1	3			4
		2		2
			1	1

🎓 문제 도전

비버가 n kg의 한라봉을 모두 포장하려면, 최소 몇 개의 상자가 필요한지 출력하는 프로그램을 완성해 보자.

✓ 입력 설명

한라봉의 무게(n)를 정수형으로 입력한다.

✓ 출력 설명

상자의 개수를 정수형으로 출력한다.

- **입출력 예시**

입력 예시 1	출력 예시 1
18	3
입력 예시 2	**출력 예시 2**
39	6

해결

 생각 열기

비버가 21kg의 한라봉을 모두 포장하려면, 최소 몇 개의 상자가 필요한지 계산해 보자.

■ 알고리즘 설계

상자를 최소한으로 사용하려면 가장 큰 상자부터 사용하여 포장하고, 남은 한라봉은 다음으로 큰 상자를 사용하여 포장한다.

21kg의 한라봉이라면, 우선 가장 큰 상자인 10kg 상자 2개를 활용하여 포장하고, 남은 1kg 한라봉은 1kg 상자 1개를 활용하여 포장한다. 이렇게 최소 3개의 상자를 사용하면 21kg 한라봉을 모두 포장할 수 있다.

생각 넓히기

비버가 n kg의 한라봉을 모두 포장해야 할 때, 최소 몇 개의 상자가 필요한지 계산하려면 어떻게 해야 할까?

1 알고리즘 설계

크기가 가장 큰 10kg 상자부터 몇 개를 사용할지 결정하고, 다음으로 큰 상자의 개수를 파악한다. 이때, 상자의 사용 개수는 포장해야 하는 한라봉의 무게를 상자 크기로 나눈 몫이고, 나머지는 포장하고 남은 한라봉의 무게이다.

즉, 21kg의 한라봉을 10kg짜리 상자로 포장한다고 할 때 2개의 상자를 사용하게 되는데, 이것은 21을 10으로 나눈 몫인 2와 같고, 그렇게 포장하고 남은 한라봉 1kg은 21을 10으로 나눈 나머지인 1과 같다.

이를 토대로 문제를 해결한다면 다음과 같다.

> ① n을 10으로 나눈 몫과 나머지를 구한다. 몫은 상자 개수를 나타내는 변수에 누적하고, 나머지는 다음 단계로 넘긴다.
> ② ①에서 넘어온 값을 5로 나눈 몫과 나머지를 구한다. 몫은 상자 개수를 나타내는 변수에 누적하고, 나머지는 다음 단계로 넘긴다.
> ③ ②에서 넘어온 값을 3으로 나눈 몫과 나머지를 구한다. 몫과 나머지를 상자 개수를 나타내는 변수에 누적한다. 이때 나머지도 함께 누적하는 이유는 남은 상자가 1kg짜리이므로 나머지 값과 남은 상자 개수가 같기 때문이다.

❷ 프로그래밍

행	Python 코드	C/C++ 코드
01	`cnt = 0`	`#include <stdio.h>`
02	`n = int(input())`	`int main()`
03	`cnt += (n // 10)`	`{`
04	`n = n % 10`	`  int n, cnt = 0;`
05	`cnt += (n // 5)`	`  scanf("%d", &n);`
06	`n = n % 5`	`  cnt += (int)n / 10;`
07	`cnt += (n // 3 + n % 3)`	`  n = n % 10;`
08	`print(cnt)`	`  cnt += (int)n / 5;`
09		`  n = n % 5;`
10		`  cnt += ((int)n / 3 + n % 3);`
11		`  printf("%d", cnt);`
12		`}`

 검증

알고리즘의 정확성 및 효율성을 검증하기 위해서 비코(https://biko.kr) 또는 코드업(https://codeup.kr)에 접속하여 확인해 보자.

▐ 비코

문제 번호	문제 이름	주소
1665	preB0 한라봉 포장 0	https://www.biko.kr/problem/1665
1666	preB1 한라봉 포장 1	https://www.biko.kr/problem/1666

▐ 코드업

문제 번호	문제 이름	주소
2313	한라봉 포장 0	https://codeup.kr/problem.php?id=2313
2314	한라봉 포장 1	https://codeup.kr/problem.php?id=2314

03 약수 배수 놀이

문제

문제 배경

백록담에서 돌하르방과 n마리의 제주 흑돼지들이 약수 배수 놀이를 하고 있다.

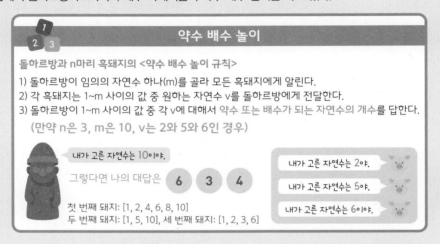

약수 배수 놀이

돌하르방과 n마리 흑돼지의 <약수 배수 놀이 규칙>

1) 돌하르방이 임의의 자연수 하나(m)를 골라 모든 흑돼지에게 알린다.
2) 각 흑돼지는 1~m 사이의 값 중 원하는 자연수 v를 돌하르방에게 전달한다.
3) 돌하르방이 1~m 사이의 값 중 각 v에 대해서 약수 또는 배수가 되는 자연수의 개수를 답한다.

(만약 n은 3, m은 10, v는 2와 5와 6인 경우)

내가 고른 자연수는 10이야.

그렇다면 나의 대답은 6 3 4

첫 번째 돼지: [1, 2, 4, 6, 8, 10]
두 번째 돼지: [1, 5, 10], 세 번째 돼지: [1, 2, 3, 6]

내가 고른 자연수는 2야.
내가 고른 자연수는 5야.
내가 고른 자연수는 6이야.

문제 도전

돌하르방이 고른 자연수가 m이고, n마리의 흑돼지가 고른 자연수가 v_1, v_2, …, v_n이라면, 돌하르방이 답해야 하는 수를 순서대로 출력하는 프로그램을 완성해 보자.

입력 설명

입력은 두 줄로 한다.

첫 번째 줄에는 흑돼지의 수(n)와 돌하르방이 고른 자연수(m)를 공백으로 구분하여 정수형으로 입력한다($1 \leq n \leq 1000000$, $1 \leq m \leq 10000000$).

두 번째 줄에는 n마리의 흑돼지가 고른 자연수(v_i)들을 공백으로 구분하여 정수형으로 입력한다($1 \leq v_i \leq m$).

출력 설명

출력은 n줄로 한다.

돌하르방이 답해야 하는 수를 순서대로 출력하되, 한 줄에 하나씩 출력한다.

■ 입출력 예시

입력 예시 1	출력 예시 1
2 10	10
1 10	4
입력 예시 2	**출력 예시 2**
5 10	6
2 6 10 3 2	4
	4
	4
	6

 해결

 생각 열기

돌하르방이 고른 자연수가 997이고, 설문대 할망이 고른 자연수가 36이라면 돌하르방이 답해야 하는 수가 얼마인지 계산해 보자.

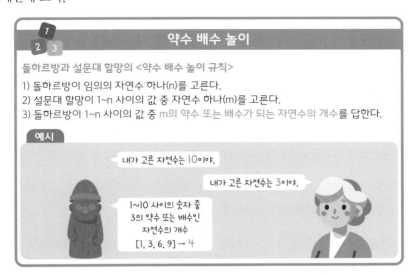

■ **알고리즘 설계**

1부터 997까지의 수 중에서 36의 약수는 '1, 2, 3, 4, 6, 9, 12, 18, 36'으로 총 9개이고, 36의 배수는 997을 36으로 나눈 몫으로 27개이다. 따라서, 1부터 997까지의 수 중에서 36의 약수이거나 배수인 수는 '9+27−1'로서 35이다. 1을 빼는 이유는 약수와 배수에 모두 36이 포함되어 있기 때문이다.

🌱 생각 넓히기

다시 본 문제에서 제시한 것과 같이 돌하르방이 고른 수가 최대 10,000,000이고, 최대 1,000,000마리의 흑돼지가 수를 선택하는 조건일 때, 제한된 시간 안에 모든 흑돼지에게 대답을 해줄 수 있으려면 어떻게 해야 할까?

☑ 알고리즘 설계

돌하르방이 고른 수가 아무리 크더라도 배수의 개수를 구하는 방법(나눈 몫)은 비교적 간단하다. 하지만, 약수의 개수를 구하는 것은 간단하지 않다. 약수의 개수를 구하기 위해 다음과 같은 공식을 사용하도록 하자.

소인수분해를 이용하여 X의 약수 개수 구하기

$X = a^m \times b^n$일 때, X의 약수 개수는 $(m+1) \times (n+1)$이다.

예를 들어 36의 경우, $36 = 2^2 \times 3^2$이기 때문에 약수의 개수는 $(2+1) \times (2+1) = 9$이다.

이제 특정수를 소인수분해할 수만 있으면 문제를 쉽게 해결할 수 있다. 가장 간단하게 생각했을 때, 2부터 1씩 증가시키면서 각 수로 얼마나 나누어지는가를 확인하면 된다. 하지만 돌하르방이 선택한 수가 최대 10,000,000임을 고려할 때, 좀 더 효율적인 방법이 필요하다.

우선 짝수라면 2의 거듭제곱으로 표현할 수 있기에 특정수를 2로 거듭하여 나누고, 그 횟수를 구한다. 이 과정을 마치고 나면 2의 거듭제곱수를 구할 수 있는 것이다. 이후에는 3부터 홀수만 확인하면 된다.

그런데 3부터 홀수만 확인하더라도 10,000,000이면 너무 큰 수이기에 좀 더 효율적인 방법이 필요하다. 즉, 돌하르방과 흑돼지가 10,000,000을 선택했더라도 10,000,000까지 확인할 필요가 없다는 것이다.

만약, 흑돼지가 29를 고른 경우라면 먼저 2로 나누어 본 후, 3부터 숫자를 증가시키면서 홀수로만 나눈다. 그런데 29가 될 때까지 나누어 볼 필요가 없이 29의 제곱근(5.39)보다 낮은 수까지만 나누어 보면 된다. 즉,

5. 39를 초과한 정수(6 이상)로는 더 이상 나누어 볼 필요가 없다는 것이다. 왜냐하면 제곱근 이하의 수로 나누어떨어지지 않는다면, 제곱근 이상의 수 중에서도 나누어떨어지는 수가 없기 때문이다.

☑ 프로그래밍

행	Python 코드	C/C++ 코드
01	`n, m = map(int, input().split())`	`#include <stdio.h>`
02	`pig = list(map(int, input().split()))`	`int main()`
03	`for v in pig:`	`{`
04	`  mul = m // v`	`  int n, m;`
05	`  cnt = 0`	`  scanf("%d %d", &n, &m);`
06	`  while v % 2 == 0:`	`  for (int i = 0; i < n; i++)`
07	`    v //= 2`	`  {`
08	`    cnt += 1`	`    int v, mul;`
09	`  ans = cnt + 1`	`    scanf("%d", &v);`
10	`  j = 3`	`    mul = (int) m / v;`
11	`  while j * j <= v:`	`    int cnt = 0, ans = 0;`
12	`    cnt = 0`	`    while (v % 2 == 0)`
13	`    while v % j == 0:`	`    {`
14	`      v //= j`	`      v /= 2;`
15	`      cnt += 1`	`      cnt++;`
16	`    ans *= (cnt + 1)`	`    }`
17	`    j += 2`	`    ans = cnt + 1;`
18	`  if v != 1:`	`    for (int j = 3; j * j <= v; j += 2)`
19	`    ans *= 2`	`    {`
20	`  print(ans + mul - 1)`	`      cnt = 0;`
21		`      while (v % j == 0)`
22		`      {`
23		`        v /= j;`
24		`        cnt++;`
25		`      }`
26		`      ans *= (cnt + 1);`
27		`    }`
28		`    if (v != 1)`
29		`      ans *= 2;`
30		`    printf("%d\n", ans + mul - 1);`
31		`  }`
32		`}`

소인수분해 과정을 거친 후, v의 값이 1이 아니라는 것은 v가 소수라는 뜻이다. 따라서 v는 v의 1승이므로 1+1에 의해 2를 추가로 곱하는 것이다.

tip! 채점 시간 단축을 위해 제출 언어를 pypy3으로 설정하세요.

소인수분해 과정을 거친 후, v의 값이 1이 아니라는 것은 v가 소수라는 뜻이다. 따라서 v는 v의 1승이므로 1+1에 의해 2를 추가로 곱하는 것이다.

03 약수 배수 놀이

🛡 검증

알고리즘의 정확성 및 효율성을 검증하기 위해서 비코(https://biko.kr) 또는 코드업(https://codeup.kr)에 접속하여 확인해 보자.

▌비코

문제 번호	문제 이름	주소
1667	preC0 약수 배수 놀이 0	https://www.biko.kr/problem/1667
1668	preC1 약수 배수 놀이 1	https://www.biko.kr/problem/1668

▌코드업

문제 번호	문제 이름	주소
2315	약수 배수 놀이 0	https://codeup.kr/problem.php?id=2315
2316	약수 배수 놀이 1	https://codeup.kr/problem.php?id=2316

04 산딸기 정렬

🔒 문제

📖 문제 배경

비버는 산딸기를 딴 후, 특별한 방법으로 정렬하고 다양한 레시피로 조리하여 먹는다.

비버가 산딸기를 정렬하고 조리하는 규칙은 다음과 같다.

- 특정 크기(n)의 산딸기는 생으로 먹는다.
- 특정 크기(n)보다 큰 산딸기는 파이로, 특정 크기(n)보다 작은 산딸기는 주스로 만들어 먹는다.
- 산딸기는 크기에 따라 주스용, 생 산딸기, 파이용 순으로 정렬한다.
- 같은 용도의 산딸기는 딴 순서대로 정렬한다.

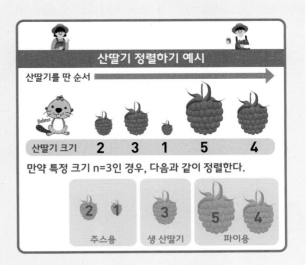

🎓 문제 도전

비버가 나무에서 딴 산딸기의 개수(m), 각 산딸기의 크기(a_1, a_2, $\cdots$, a_m), 특정 크기(n)가 주어질 때, 산딸기를 정렬한 결과를 출력하는 프로그램을 완성해 보자.

✅ 입력 설명

입력은 세 줄로 한다.
첫 번째 줄에는 비버가 나무에서 딴 산딸기의 개수(m)를 정수형으로 입력한다($1 \leq m \leq 1000000$).
두 번째 줄에는 산딸기의 크기를 차례대로 공백으로 구분하여 정수형으로 입력한다($1 \leq a_i \leq 100$).
세 번째 줄에는 비버가 먹고 싶은 생 산딸기의 크기(n)를 정수형으로 입력한다($1 \leq n \leq 100$).

✅ 출력 설명

산딸기를 정렬한 결과를 공백으로 구분하여 정수형으로 출력한다.

■ 입출력 예시

입력 예시 1	출력 예시 1
5 2 3 1 5 4 3	2 1 3 5 4

입력 예시 2	출력 예시 2
7 2 1 6 3 3 1 4 5	2 1 3 3 1 4 6

🔓 해결

🔓 생각 열기

비버가 나무에서 딴 5개의 산딸기 크기가 차례대로 4, 5, 2, 3, 1이고, 비버가 먹고 싶은 생 산딸기의 크기가 3이다. 이때, 산딸기를 정렬한 결과를 계산해 보자.

■ 알고리즘 설계

비버가 나무에서 딴 산딸기를 차례대로 3과 비교하면서 3보다 작은 것, 3과 같은 것, 3보다 큰 것을 구분하여 따로 모은 후에 다시 하나로 합치면 된다.

n보다 작은 것	n과 같은 것	n보다 큰 것
 2 1	3	4 5

⬇

정렬 완료

2   1   3   4   5

생각 넓히기

비버가 나무에서 딴 산딸기의 개수가 최대 1,000,000이고, 비버가 먹고 싶은 생 산딸기의 크기(n)가 최대 100일 때, 제한된 시간 안에 모든 산딸기를 정렬하려면 어떻게 해야 할까?

1 알고리즘 설계

비버가 나무에서 딴 산딸기를 차례대로 n과 비교하면서 n보다 작은 것, n과 같은 것, n보다 큰 것을 구분하여 다른 공간(변수)에 순서대로 저장한다. 모든 산딸기의 비교가 끝난 후에 n보다 작은 것, n과 같은 것, n보다 큰 것의 순서로 합쳐서 출력한다.

2 프로그래밍

행	Python 코드	C/C++ 코드
01	`m = int(input())`	`#include <stdio.h>`
02	`a = list(map(int, input().split()))`	`int ans1[1000001], ans2[1000001], ans3[1000001];`
03	`n = int(input())`	`int main()`
04	`ans1 = []`	`{`
05	`ans2 = []`	`  int m, n, i1 = 0, i2 = 0, i3 = 0;`
06	`ans3 = []`	`  scanf("%d", &m);`
07	`for i in a:`	`  int a[m + 1];`
08	`  if n > i:`	`  for (int i = 0; i < m; i++)`
09	`    ans1.append(i)`	`  {`
10	`  elif n == i:`	`    scanf("%d", &a[i]);`
11	`    ans2.append(i)`	`  }`
12	`  else:`	`  scanf("%d", &n);`
13	`    ans3.append(i)`	`  for (int i = 0; i < m; i++)`
14	`for i in (ans1 + ans2 + ans3):`	`  {`
15	`  print(i, end = ' ')`	`    if (n > a[i])`
16		`      ans1[i1++] = a[i];`
17		`    else if (n == a6i])`
18		`      ans2[i2++] = a[i];`
19		`    else`
20		`      ans3[i3++] = a[i];`
21		`  }`
22		`  for (int i = 0; i < i1; i++)`
23		`    printf("%d ", ans1[i]);`
24		`  for (int i = 0; i < i2; i++)`
25		`    printf("%d ", ans2[i]);`

26	
27	
28	

```c
for (int i = 0; i < i3; i++)
    printf("%d ", ans3[i]);
}
```

 검증

    알고리즘의 정확성 및 효율성을 검증하기 위해서 비코(https://biko.kr) 또는 코드업(https://codeup.kr)에 접속하여 확인해 보자.

■ 비코

문제 번호	문제 이름	주소
1669	preD0 산딸기 정렬 0	https://www.biko.kr/problem/1669
1670	preD1 산딸기 정렬 1	https://www.biko.kr/problem/1670

■ 코드업

문제 번호	문제 이름	주소
2317	산딸기 정렬 0	https://codeup.kr/problem.php?id=2317
2318	산딸기 정렬 1	https://codeup.kr/problem.php?id=2318

05 감귤 나무 관리

문제

문제 배경

감귤왕 비버는 원형 감귤 밭의 감귤 나무를 3종류로 분류하여 관리한다. 비버는 밭의 중심 좌표, 밭의 반지름, 나무의 좌표를 활용하여 나무의 위치가 밭 내부, 밭 경계, 밭 외부 중 어디에 있는지 판별한다.

감귤왕 비버의 감귤 나무 관리

비버는 감귤 나무를 3종류로 분류하여 관리한다.

밭의 중심 좌표	밭의 반지름	감귤 나무 좌표	판단
(0, 0)	2	(1, 0)	in
(0, 0)	2	(2, 0)	on
(0, 0)	2	(3, 0)	out
...	...	...	...

in (내부) / **on** (경계) / **out** (외부)

문제 도전

감귤 밭의 중심 좌표가 (a,b)이고, 감귤 밭의 반지름 길이가 r, 감귤 나무의 좌표가 (c,d)일 때, 감귤 나무의 판별 결과를 출력하는 프로그램을 완성해 보자.

입력 설명

입력은 세 줄로 한다.

첫 번째 줄에는 감귤 밭의 중심 좌표(a,b)를 공백으로 구분하여 정수형으로 입력한다($-1000 \leq a \leq 1000$, $-1000 \leq b \leq 1000$).

두 번째 줄에는 밭의 반지름(r)을 정수형으로 입력한다($1 \leq r \leq 1000000$).

세 번째 줄에는 감귤 나무의 중심 좌표(c,d)를 공백으로 구분하여 정수형으로 입력한다($-1000 \leq c \leq 1000$, $-1000 \leq d \leq 1000$).

출력 설명

감귤 나무의 판별 결과(in, on, out 중 하나)를 출력한다.

■ 입출력 예시

입력 예시 1	출력 예시 1
0 0 3 3 3	out
입력 예시 2	출력 예시 2
0 0 3 -3 0	on
입력 예시 3	출력 예시 3
0 0 3 1 1	in

 해결

 생각 열기

감귤 밭의 중심 좌표가 (1,1)이고 감귤 밭의 반지름이 3일 때, 좌표 (3,4)에 위치한 감귤 나무의 판별 결과를 계산해 보자.

1 알고리즘 설계

감귤 밭의 중심(1,1)으로부터 감귤 나무 좌표(3,4)까지의 거리를 구한 후, 이 값이 감귤 밭의 반지름인 3보다 작다면 in, 같다면 on, 크다면 out으로 판별할 수 있다.

감귤 밭의 중심(1,1)으로부터 좌표(3,4)까지의 거리는 두 점 사이의 직선 거리를 구하는 공식에 의해 $\sqrt{(1-3)^2+(1-4)^2}$ 이고, 계산 결과는 $\sqrt{13}$ 이다. $\sqrt{13}$ 은 반지름 3보다 크기 때문에 out으로 판별한다.

이때, 제곱근을 계산하는 과정이 불편하므로 직선의 거리를 제곱한 값 $(1-3)^2+(1-4)^2$과 반지름 3을 제곱한 값을 비교하는 것도 좋은 방법이다. 즉, 13과 9를 비교하는 것이다.

생각 넓히기

굴 밭의 중심과 감귤 나무의 좌표가 −1,000 이상 1,000 이하이고, 감귤 밭의 반지름이 최대일 때, 감귤 나무의 위치를 판별하려면 어떻게 해야 할까?

1 알고리즘 설계

감귤 밭의 중심(a,b)에서 감귤 나무(c,d)까지의 거리를 구한 후, 이 값을 반지름 r과 비교하여 판별한다.

2 프로그래밍

행	Python 코드	C/C++ 코드
01	`a, b = map(int, input().split())`	`#include <stdio.h>`
02	`r = int(input())`	`int main()`
03	`c, d = map(int, input().split())`	`{`
04	`dis = (a-c)*(a-c)+(b-d)*(b-d)`	`  long long int a, b, r, c, d, dis;`
05	`if dis > r*r:`	`  scanf("%lld %lld", &a, &b);`
06	`  print("out")`	`  scanf("%lld", &r);`
07	`elif dis == r*r:`	`  scanf("%lld %lld", &c, &d);`
08	`  print("on")`	`  dis = (a-c)*(a-c)+(b-d)*(b-d);`
09	`else:`	`  if(dis > r*r)`
10	`  print("in")`	`    printf("out");`
11		`  else if(dis == r*r)`
12		`    printf("on");`
13		`  else`
14		`    printf("in");`
15		`}`

 검증

알고리즘의 정확성 및 효율성을 검증하기 위해서 비코(https://biko.kr) 또는 코드업(https://codeup.kr)에 접속하여 확인해 보자.

■ 비코

문제 번호	문제 이름	주소
1671	preE0 감귤 나무 관리 0	https://www.biko.kr/problem/1671
1672	preE1 감귤 나무 관리 1	https://www.biko.kr/problem/1672

■ 코드업

문제 번호	문제 이름	주소
2319	감귤 나무 관리 0	https://codeup.kr/problem.php?id=2319
2320	감귤 나무 관리 1	https://codeup.kr/problem.php?id=2320

🔒 문제

📖 문제 배경

경상북도는 10개의 시(포항, 경주, 김천, 안동, 구미, 영주, 영천, 상주, 문경, 경산)와 13개의 군(군위, 의성, 청송, 영양, 영덕, 청도, 고령, 성주, 칠곡, 예천, 봉화, 울진, 울릉)으로 이루어져 있다.

경상북도를 찾는 외국인들은 여행하고 싶은 시와 군의 영문 이름 중 부분 문자열(substring)을 입력하면 해당 지역의 정보를 검색할 수 있다.

🎓 문제 도전

어떤 외국인이 여행하고 싶은 지역이 A라고 할 때, 부분 문자열 B로 이 지역을 검색할 수 있는지 여부를 출력해 보자.

✓ 입력 설명

첫 번째 줄에는 지역의 영문 이름이 입력된다.
두 번째 줄에는 부분 문자열이 입력된다.

✓ 출력 설명

여행하고 싶은 지역을 검색할 수 있는 경우에는 알파벳 O를 출력하고, 그렇지 않은 경우에는 알파벳 X를 출력한다.

■ 입출력 예시

입력 예시 1	출력 예시 1
Andong And	0
입력 예시 2	출력 예시 2
Sangju dong	X
입력 예시 3	출력 예시 3
Gumi Gumi	0
입력 예시 4	출력 예시 4
Pohang ng	0

해결

생각 열기

문자열 "ndon"을 이용하여 문자열 "Andong"을 검색하기 위해서는 문자열 "Andong"에 문자열 "ndon"이 포함되는지를 알아내야 한다. 이를 해결하기 위해서는 문자열 "Andong"의 첫 번째 문자인 A부터 마지막 문자인 g까지 문자열 "ndon"의 첫 번째 문자인 n과 같은 문자를 찾고, 만약 같다면 그곳으로부터 문자열 "ndon"의 모든 문자와 같은지를 한 자씩 확인하면 된다. 이를 그림으로 표현하면 다음과 같다.

문자열 A	A	n	d	o	n	g
문자열 B의 첫 문자	n? X					

문자열 A	A	n	d	o	n	g
문자열 B의 첫 문자		n? O				

문자열 A	A	n	d	o	n	g
문자열 B의 나머지 문자			d? O			

문자열 A	A	n	d	o	n	g
문자열 B의 나머지 문자				o? O		

문자열 A	A	n	d	o	n	g
문자열 B의 나머지 문자					n? O 검색 가능함	

🌱 생각 넓히기

찾고자 하는 문자열(이를 문자열 A라 하자)과 이를 찾기 위해 입력하는 문자열(이를 문자열 B라 하자)이 입력되며, 입력되는 두 문자열의 길이는 미리 알 수 없다. 이를 해결하기 위해서는 입력되는 두 문자열에서 문자를 하나하나 꺼내어 비교해야 한다.

1 알고리즘 설계

2개의 반복문을 중첩하여 해결할 수 있는데, 첫 번째는 문자열 A의 첫 번째 문자부터 마지막 문자까지 문자열 B의 첫 번째 글자와 비교하며 같은 문자를 찾는 반복문이다.

이 과정에서 같은 문자를 찾게 되면 새로운 반복문을 수행한다. 이때에는 문자열 B의 모든 문자와 문자열 A의 해당 위치로부터의 문자를 비교하여 모든 문자가 같다면 검색이 가능한 것이고, 만약 서로 다른 문자가 나타난다면 반복문은 종료하고 수행 중이던 첫 번째 반복문으로 빠져나간다. 첫 번째 반복문은 문자열 A의 마지막 문자까지 반복되는데, 마지막 문자까지 모두 수행을 마쳤다면 문자열 B를 이용하여 문자열 A를 찾을 수 없다는 것을 의미한다.

단, 문자열에서 문자를 하나하나 꺼내어 해결하는 방법 외에도 두 문자열이 같은지를 비교하는 함수와 어느 문자열에 다른 문자열이 포함되는지를 확인하는 함수를 이용하면 더 쉽게 문제를 해결할 수 있다.

2 프로그래밍

행	어느 문자열에 다른 문자열이 포함되는지를 확인(Python 코드)
01	`A = input()`
02	`B = input()`
03	`if B in A:`
04	`    print("O")`
05	`else:`
06	`    print("X")`

행	두 문자열이 같은지 비교하는 함수 활용(C 코드)
01	`#include <stdio.h>`
02	`#include <string.h>`
03	`int main()`
04	`{`
05	`  char A[100], B[100];`
06	`  int len_A, len_B;`
07	`  scanf("%s", A);`
08	`  scanf("%s", B);`
09	`  len_A = strlen(A);`
10	`  len_B = strlen(B);`
11	`  for(int i = 0; i < len_A; i++)`
12	`  {`
13	`    if(strncmp(&A[i], B, len_B) == 0)`
14	`    {`
15	`      printf("O");`
16	`      return 0;`
17	`    }`
18	`  }`
19	`  printf("X");`
20	`  return 0;`
21	`}`

행	한 글자씩 확인(C 코드)
01	`#include <stdio.h>`
02	`#include <string.h>`
03	`int main()`
04	`{`
05	`  char A[100], B[100];`
06	`  int len_A, len_B;`
07	`  scanf("%s", A);`
08	`  scanf("%s", B);`
09	`  len_A = strlen(A);`
10	`  len_B = strlen(B);`
11	`  for(int i = 0; i < len_A; i++)`
12	`  {`
13	`    if(A[i] == B[0])`
14	`    {`

```
15      int j;
16      for(j = 1; j < len_B; j++)
17        if(A[i + j] != B[j])
18          break;
19      if(j == len_B)
20      {
21        printf("O");
22        return 0;
23      }
24    }
25  }
26  printf("X");
27  return 0;
28 }
```

 검증

알고리즘의 정확성 및 효율성을 검증하기 위해서 비코(https://biko.kr) 또는 코드업(https://codeup.kr)에 접속하여 확인해 보자.

■ 비코

문제 번호	문제 이름	주소
1640	경상북도 시군 이름 0	https://www.biko.kr/problem/1640
1641	경상북도 시군 이름 1	https://www.biko.kr/problem/1641

■ 코드업

문제 번호	문제 이름	주소
2332	경상북도 시군 이름 0	https://codeup.kr/problem.php?id=2332
2333	경상북도 시군 이름 1	https://codeup.kr/problem.php?id=2333

07 좋아하는 보석

🔒 문제

📖 문제 배경

많은 보석을 가진 경북이는 자신의 보석을 좋아하는 순서대로 순위를 매겼다. 안동이는 경북이가 가장 좋아하는 보석이 무엇인지 알고 싶다. 그래서 다음과 같이 경북이의 보석들 중에서 '임의로 4개를 선택하고 질문하기'를 여러 번 반복하였다.

"경북아, 내가 선택한 4개의 보석 중 어떤 보석이 가장 좋아?"

🎓 문제 도전

안동이는 n번의 '임의로 4개를 선택하고 질문하기'를 통해 경북이가 가장 좋아하는 보석을 찾을 수 있다. 경북이가 가진 보석의 최대 개수를 출력해 보자.

✅ 입력 설명

첫 번째 줄에 질문의 수(n)가 입력된다($1 \leq n \leq 10000000$).

✅ 출력 설명

보석의 최대 개수를 출력한다.

- **입출력 예시**

입력 예시	출력 예시
5	16

해결

생각 열기

경북이가 1~4개의 보석을 가지고 있을 때는 안동이는 한 번의 질문을 통해 경북이가 가장 좋아하는 보석을 찾아낼 수 있다.

경북이가 5~7개의 보석을 가지고 있다면, 한 번의 질문으로 4개 중 가장 좋아하는 보석을 찾고, 그 보석을 나머지 보석들과 함께 질문하여 가장 좋아하는 보석을 찾을 수 있다. 이렇게 하면 두 번의 질문으로 최대 7개의 보석 중에서 가장 좋아하는 보석을 찾을 수 있다.

안동이는 경북이가 가장 좋아하는 보석이 될 수 있는 보석은 계속해서 질문의 대상에 포함시켜야 하고, 그렇지 않은 보석은 질문의 대상에서 제외시켜야 한다.

생각 넓히기

첫 번째 질문을 통해서는 최대 4개의 보석 중에서 가장 좋아하는 보석을 찾을 수 있다.

두 번째 질문을 통해서는 앞선 한 번의 질문을 통해 찾은 보석 1개와 나머지 3개의 보석 중에서 가장 좋아하는 보석을 찾을 수 있다. 즉, 두 번의 질문으로는 4개의 보석에 더해서 3개의 보석이 더 있는 경우에 가장 좋아하는 보석을 찾을 수 있다.

세 번째 질문을 통해서는 앞선 두 번의 질문을 통해 찾은 보석 1개와 나머지 3개의 보석 중에서 가장 좋아하는 보석을 찾을 수 있다. 즉, 세 번의 질문으로는 7개의 보석에 더해서 3개의 보석이 더 있는 경우에 가장 좋아하는 보석을 찾을 수 있다.

이와 같은 방법을 통해 한 번의 질문으로 가장 좋아하는 보석이 아닌 보석을 최대 3개까지 찾아내고 이를 질문의 대상에서 제외시킬 수 있다는 것을 알 수 있다.

1 알고리즘 설계

한 번의 질문을 통해서 가장 좋아하는 보석이 아닌 보석을 최대 3개까지 찾아낼 수 있다. 따라서 한 번의 질문으로는 '가장 좋아하는 보석 1개+그렇지 않은 보석 최대 3개'의 보석 중에서 가장 좋아하는 보석을 찾을 수 있다. 이후부터는 한 번의 질문을 더 할 때마다 최대 3개의 보석이 있는 경우에 가장 좋아하는 보석을 찾을 수 있다.

 한 번의 질문을 통해 4개의 보석 중 가장 좋아하는 보석 1개를 찾을 수 있다.

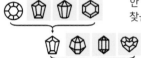 한 번 더 질문하여 앞서 찾은 1개의 보석과 다른 3개의 보석 중 가장 좋아하는 보석 1개를 찾을 수 있다.

 한 번 더 질문하여 앞서 찾은 1개의 보석과 다른 3개의 보석 중 가장 좋아하는 보석 1개를 찾을 수 있다.

❷ 프로그래밍

행	Python 코드	C/C++ 코드
01	`j = int(input())`	`#include <stdio.h>`
02	`print(3*j+1)`	`int main()`
03		`{`
04		`  int j;`
05		`  scanf("%d", &j);`
06		`  printf("%d", 3*j+1);`
07		`}`

🛡 검증

알고리즘의 정확성 및 효율성을 검증하기 위해서 비코(https://biko.kr) 또는 코드업(https://codeup.kr)에 접속하여 확인해 보자.

■ 비코

문제 번호	문제 이름	주소
1642	좋아하는 보석 0	https://www.biko.kr/problem/1642
1643	좋아하는 보석 1	https://www.biko.kr/problem/1643

■ 코드업

문제 번호	문제 이름	주소
2334	좋아하는 보석 0	https://codeup.kr/problem.php?id=2334
2335	좋아하는 보석 1	https://codeup.kr/problem.php?id=2335

문제

📖 문제 배경

스마트 농법으로 자동 운영되는 어떤 특별한 과수원에 사과나무와 배나무가 함께 심어져 있는데, 다음과 같은 규칙으로 사과와 배가 수확된다.

- 사과는 2일마다 n개씩 수확된다.
- 배는 3일마다 m개씩 수확된다.
- 수확된 사과와 배의 합이 k개 이상이 되면 다음 사과 수확일부터는 황금 사과가 수확된다.

🎓 문제 도전

2023년 1월 1일에 처음으로 사과와 배가 수확될 때, 황금 사과가 처음 수확되는 날이 언제인지 출력해 보자.

✔️ 입력 설명

첫 번째 줄에 황금 사과가 수확되기 시작하는 사과와 배의 개수 합(k)이 입력된다($1 \leq k \leq 200000$).

두 번째 줄에는 2일마다 수확되는 사과의 개수(n)와 3일마다 수확되는 배의 개수(m)가 스페이스를 사이에 두고 한 줄로 입력된다($1 \leq n \leq 10$, $1 \leq m \leq 10$).

✔️ 출력 설명

황금 사과가 처음 수확되는 날을 yyyy/mm/dd 형식으로 출력한다.

- **입출력 예시**

입력 예시 1	출력 예시 1
10	2023/01/05
2 3	

입력 예시 2	출력 예시 2
100	2023/02/20
2 3	

해결

 생각 열기

사과는 2일마다 3개, 배는 3일마다 5개가 수확되고, 황금 사과를 수확하기 위해 필요한 사과와 배의 수는 500인 경우를 따져보자.

1월 1일에 사과 3개와 배 5개가 수확되고, 이후 6일마다 사과 9개와 배 10개씩이 수확된다. 이때 6일을 '1주기'라고 한다면 10주기가 돌아왔을 때는 198개(8개+19개*10주기), 20주기가 돌아왔을 때는 388개(8개+19개*20주기)가 수확되고, 25주기가 돌아왔을 때는 483개(8개+19개*25주기)가 수확된다. 이후 2일 뒤에 사과가 3개, 3일 뒤에 배가 5개, 4일 뒤에 사과가 3개, 6일 뒤에 사과 3개와 배 5개가 수확되어 이날 처음으로 사과와 배의 수확량이 500개 이상이 된다. 따라서 1+6*25+6일째 되는 날까지는 보통의 사과가 수확되고, 그로부터 2일 후인 1월 1일을 포함한 159일째부터 황금 사과가 수확된다.

2023년 1월 1일부터 5월 31일까지의 모든 일수를 더하면 총 151일(31+28+31+30+31)이고, 6월 8일이 159일째 되는 날이다.

생각 넓히기

황금 사과를 수확하게 되는 날이 길어지면 해가 넘어가고, 윤년을 따져서 날짜를 세야 한다. 하루가 지남에 연/월/일을 변경하고, 사과와 배를 수확하며 그 수확량이 황금 사과를 수확하게 되기에 이르렀는지 확인하여 문제를 해결할 수 있다. 2023년 1월 1일에는 사과 n개, 배 m개를 수확(총 n+m개)하고, 1월 2일에는 아무 것도 수확하지 않는다. 1월 3일에는 사과를 n개 수확(총 2n+m개)하고, 1월 4일에는 배를 m개 수확(총 2n+2m개)한다. 이런 식으로 매일 매일의 수확량을 확인하다 보면 월이 넘어가는 경우가 생기고 연이 넘어가는 경우가 생긴다.

월이 넘어가는 경우는 그 달의 일수를 넘어갔는지를 따지면 되고, 연이 넘어가는 경우는 12월이 넘어가는 경우를 따져야 한다. 단, 2월에서 3월로 넘어가는 경우는 그 해가 윤년이라면 29일을 넘어가는 경우이고, 윤년이 아니라면 28일을 넘어가는 경우이다. 따라서 해가 넘어가서 새로운 해가 될 때에 그 해가 윤년인지를 계산해 주어야 한다.

1 알고리즘 설계

반복문을 통하여 매일을 반복시킨다. 오늘 날짜를 계산하기 위해 일에 해당하는 값을 늘려주고, 그 값이 해당 월의 일수를 넘어갔는지 확인하여 다음 달로 넘어가도록 처리해 준다. 다음 달로 넘어가는 경우에는

12월이 넘어갔는지를 확인하여 연을 증가시켜 주어야 한다. 이때 새로운 해가 윤년이라면 2월의 마지막 일을 29일로 설정하고, 윤년이 아니라면 28일로 설정해 주어야 한다.

현재 날짜와 관계없이 매 2일과 매 3일에 사과와 배를 수확해야 하므로, 매일 날짜를 세고 이를 확인하여 사과와 배를 2일과 3일마다 수확하고 값을 누적하여 황금 사과를 수확하게 되었는지를 확인할 수 있다. 황금 사과를 수확하게 되었다면 다음 사과를 수확하는 날부터 황금 사과를 수확하기 때문에, 황금 사과 수확 가능 여부를 '참'으로 설정하고 반복문을 계속 수행한다. 사과를 수확할 때에는 항상 황금 사과 수확 가능 여부를 확인하여 그 값이 '참'인 경우 반복문을 빠져나오고 그때의 날짜를 출력한다.

❷ 프로그래밍

행	Python 코드
01	`n, m, k = 0, 0, 0`
02	`dd, mm, yy, day, cnt = 0, 1, 2023, 0, 0`
03	`month = [31,28,31,30,31,30,31,31,30,31,30,31]`
04	`f = False`
05	`k = int(input())`
06	`n, m = map(int, input().split())`
07	`while True:`
08	`  day += 1`
09	`  dd += 1`
10	`  if dd > month[mm - 1]:`
11	`    mm += 1`
12	`    dd = 1`
13	`  if mm > 12:`
14	`    yy += 1`
15	`    mm = 1`
16	`  if (yy%4==0 and yy%100!=0) or yy%400==0:`
17	`    month[1] = 29`
18	`  else:`
19	`    month[1] = 28`
20	`  if (day - 1) % 2 == 0:`
21	`    if f:`
22	`      break`
23	`    cnt += n`
24	`  if (day - 1) % 3 == 0:`
25	`    cnt += m`
26	`  if cnt >= k:`
27	`    f = True`
28	`print(f"{yy}/{mm:02d}/{dd:02d}")`

행	C/C++ 코드
01	`#include <stdio.h>`
02	`int main()`
03	`{`
04	`  int n,m,k,dd=0,mm=1,yy=2023,day=0,cnt=0,f=0;`
05	`  int month[12]={31,28,31,30,31,30,31,31,30,31,30,31};`
06	`  scanf("%d",&k);`
07	`  scanf("%d %d",&n,&m);`
08	`  while(1)`
09	`  {`
10	`    day++,dd++;`
11	`    if(dd>month[mm-1])`
12	`    {`
13	`      mm++,dd=1;`
14	`    }`
15	`    if(mm>12)`
16	`    {`
17	`      yy++,mm=1;`
18	`    }`
19	`    if((yy%4==0&&yy%100!=0)||yy%400==0)`
20	`      month[1]=29;`
21	`    else`
22	`      month[1]=28;`
23	`    if((day-1)%2==0)`
24	`    {`
25	`      if(f)`
26	`        break;`
27	`      cnt+=n;`
28	`    }`
29	`    if((day-1)%3==0)`
30	`      cnt+=m;`
31	`    if(cnt>=k)`
32	`      f=1;`
33	`  }`
34	`  printf("%d/%02d/%02d",yy,mm,dd);`
35	`}`

검증

알고리즘의 정확성 및 효율성을 검증하기 위해서 비코(https://biko.kr) 또는 코드업(https://codeup.kr)에 접속하여 확인해 보자.

■ 비코

문제 번호	문제 이름	주소
1644	청송 황금 사과 0	https://www.biko.kr/problem/1644
1645	청송 황금 사과 1	https://www.biko.kr/problem/1645
1646	청송 황금 사과 2	https://www.biko.kr/problem/1646

■ 코드업

문제 번호	문제 이름	주소
2336	청송 황금 사과 0	https://codeup.kr/problem.php?id=2336
2337	청송 황금 사과 1	https://codeup.kr/problem.php?id=2337
2338	청송 황금 사과 2	https://codeup.kr/problem.php?id=2338

독도 새우 잡이

 문제

문제 배경

독도 근처에는 도화새우, 물렁가시붉은새우, 가시배새우 3종류의 독도 새우가 서식하고 있다. 독도 새우는 달짝지근한 맛과 쫄깃한 식감을 가져 많은 사람이 찾는다.

울릉이는 3종류의 통발을 사용하여 독도 새우를 잡고 있다. 울릉이가 사용하는 통발은 정해진 수만큼만 새우를 잡을 수 있다. 즉, 더 많이 잡거나 더 적게 잡을 수 없다.

문제 도전

독도 새우 수는 n마리이고, 보호해야 하는 새우 수는 m마리이다. 울릉이가 가진 3종류의 통발로 한 번에 잡을 수 있는 새우 수는 각각 d1마리, d2마리, d3마리이다. 어획할 수 있는 모든 독도 새우를 잡기 위해 사용해야 하는 통발의 최소 횟수를 출력해 보자.

입력 설명

첫 번째 줄에는 독도 새우 수(n)가 입력된다.

두 번째 줄에는 보호해야 하는 새우 수(m)가 입력된다($1 \leq m \leq n \leq 10000$).

세 번째 줄에는 3종류의 통발로 한 번에 잡을 수 있는 새우 수(d1, d2, d3)가 빈칸으로 구분되어 입력된다($1 \leq d1, d2, d3 \leq 1000$).

사용해야 하는 통발의 최소 횟수를 출력한다.

단, 어획할 수 있는 모든 새우를 잡을 수 없는 경우에는 −1을 출력한다.

■ **입출력 예시**

입력 예시 1	출력 예시 1
5000 3000 100 300 500	4

입력 예시 2	출력 예시 2
5500 5000 100 50 150	4

입력 예시 3	출력 예시 3
5530 5000 50 100 150	−1

🔓 해결

🔓 생각 열기

독도 새우의 수가 3,290마리이고 보호해야 하는 새우 수가 3,000마리이며, 3종류의 통발로 한 번에 잡을 수 있는 새우 수가 각각 10마리, 20마리, 30마리인 경우를 생각해 보자. 이 경우에 잡을 수 있는 새우는 290마리이다.

통발을 내려서 잡는 횟수를 최소한으로 하고자 한다면, 한 번에 많이 잡을 수 있는 30마리짜리 통발을 가능한 많이 사용하는 방법이 좋을 것이다. 그러므로 30마리짜리 통발을 9번 사용하여 270마리를 잡고, 나머지 20마리는 20마리짜리 통발을 1번 사용하여 잡을 수 있기 때문에 사용해야 하는 통발의 최소 횟수는 총 10번이다.

독도 새우의 수가 740마리이고 보호해야 하는 새우 수가 500마리이며, 3종류의 통발로 한 번에 잡을 수 있는 새우 수가 각각 10마리, 70마리, 100마리인 경우를 생각해 보자. 이 경우에 잡을 수 있는 새우는 240마리이다.

앞서 이야기한대로 커다란 통발을 최대한 많이 사용하여 문제를 해결한다면 100마리짜리 통발을 2번 사용하고, 그 다음에 10마리짜리 통발을 4번 사용해서 6번 만에 새우를 잡게 된다. 하지만 100마리짜리 통발을 1번만 사용하고 70마리짜리 통발을 2번 사용한다면 총 3번만 사용하여 새우를 잡을 수 있다.

따라서 3종류의 통발을 사용하는 모든 경우의 수를 다 따져보고, 그 중 가장 적은 횟수가 답이 될 수 있다. 이를 알고리즘으로 표현하면 다음과 같다.

```
for(int i=0; i<=n/d1; i++) {
    for(int j=0; j<=n/d2; j++) {
        for(int k=0; k<=n/d3; k++) {
            if(i*d1 + j*d2 + k*d3 == n)
                ans = ans < i+j+k ? ans : i+j+k;
        }
    }
}
```

문제에서 제시한 입력 조건에 따르면 잡을 수 있는 새우의 최대 마리 수는 9,999마리이다. 그리고 통발의 크기가 가장 작다면 세 통발의 크기가 각각 1, 2, 3마리가 된다. 이 경우 통발로 잡을 수 있는 모든 경우의 수는 10,000(크기가 1인 통발의 사용 횟수)×5,000(크기가 2인 통발의 사용 횟수)×3,334(크기가 3인 통발의 사용 횟수)로서 약 166억 가지의 경우가 생긴다. 이는 컴퓨터가 처리하기에도 상당히 오랜 시간이 필요하다.

세 번째 통발의 사용 횟수는 첫 번째 통발과 두 번째 통발의 사용 횟수에 의해 결정된다는 것을 알 수 있다. 예를 들어 180마리의 새우를 잡아야 하고, 세 통발의 크기가 10, 20, 30이라고 하자. 이때, 크기가 10인 통발을 5번 사용하고 크기가 20인 통발을 2번 사용했다면 크기가 30인 통발은 3번 사용해야 한다. 그리고, 크기가 10인 통발을 5번 사용했고 크기가 20인 통발을 3번 사용했다면 나머지 70마리의 새우를 크기가 30인 통발을 사용하여 잡을 수 없게 된다.

❶ 알고리즘 설계

두 개의 반복문을 중첩시켜서 두 통발을 사용하는 모든 경우를 확인하고, 이때 세 번째 통발의 사용 횟수는 두 통발의 사용 횟수로부터 다음과 같이 계산해낸다.

잡아야 할 새우가 n마리이고, 첫 번째 통발의 크기와 사용 횟수가 d1과 i, 두 번째 통발의 크기와 사용 횟수가 d2와 j, 세 번째 통발의 크기가 d3이라 한다면 세 번째 통발의 사용 횟수 k는 다음 식과 같이 결정된다.

$$k=(n-(i\times d1+j\times d2))/d3$$

단, 이렇게 구한 k가 정수가 아니거나 음수라면 이러한 횟수로는 새우를 모두 잡을 수 없다.

두 개의 반복문을 중첩시켜 가능한 통발의 사용 횟수를 모두 확인하고 그 중 가장 적은 횟수를 출력하여 문제를 해결할 수 있다. 다만, 모든 경우에 대해서 모든 새우를 잡는 경우가 한 번도 없다면 이때에는 문제에서 요구한대로 −1을 출력해야 한다.

❷ 프로그래밍

행	Python 코드
01	`n = int(input())`
02	`m = int(input())`
03	`d1, d2, d3 = map(int, input().split())`
04	`n -= m`
05	`ans = 100000`
06	`for i in range(n // d1 + 1):`
07	`  for j in range(n // d2 + 1):`
08	`    t = n - (i * d1 + j * d2)`
09	`    if t % d3 == 0 and t >= 0:`
10	`      ans = min(ans, i + j + t // d3)`
11	`if ans == 100000:`
12	`  ans = -1`
13	`print(ans)`

행	C/C++ 코드
01	`#include <stdio.h>`
02	`int main()`
03	`{`
04	`  int n, m, d1, d2, d3, ans = 100000;`
05	`  scanf("%d", &n);`
06	`  scanf("%d", &m);`

```
07      scanf("%d %d %d", &d1, &d2, &d3);
08      n -= m;
09      for(int i = 0; i <= n / d1; i++)
10      {
11        for(int j = 0; j <= n / d2; j++)
12        {
13          int t = n - (i * d1 + j * d2);
14          if(t % d3 == 0 && t >= 0)
15            ans = ans < i+j+t/d3 ? ans : i+j+t/d3;
16        }
17      }
18      if(ans == 100000)
19        ans = -1;
20      printf("%d", ans);
21      return 0;
22    }
```

검증

알고리즘의 정확성 및 효율성을 검증하기 위해서 비코(https://biko.kr) 또는 코드업(https://codeup.kr)
에 접속하여 확인해 보자.

■ 비코

문제 번호	문제 이름	주소
1647	독도 새우 잡이 0	https://www.biko.kr/problem/1647
1648	독도 새우 잡이 1	https://www.biko.kr/problem/1648

■ 코드업

문제 번호	문제 이름	주소
2339	독도 새우 잡이 0	https://codeup.kr/problem.php?id=2339
2340	독도 새우 잡이 1	https://codeup.kr/problem.php?id=2340

🔒 문제

📖 문제 배경

경상북도의 특산물과 문화를 체험할 수 있는 경북한마당 축제가 진행되고 있다. 경북한마당 축제에서 진행되는 다양한 체험 부스와 행사들에서는 특별한 코인을 사용할 수 있다. 사용하고 남은 코인만큼 다음의 특산물들로 바꿔갈 수 있지만, 현금으로 돌려받을 수는 없다.

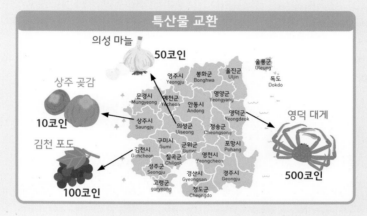

🎓 문제 도전

처음 가지고 있던 코인은 n이고, 사용한 코인은 m이다. 남은 코인을 최대한 사용할 때, 교환할 수 있는 특산물은 최소 몇 개인지 출력해 보자.

✅ 입력 설명

첫 번째 줄에는 처음 가지고 있던 코인(n)이 입력된다.
두 번째 줄에는 사용한 코인(m)이 입력된다($1 \le m \le n \le 1000$).

✅ 출력 설명

남은 코인을 최대한 사용할 때, 교환할 수 있는 특산물은 최소 몇 개인지 출력한다.

■ 입출력 예시

입력 예시 1	출력 예시 1
800	5
130	
입력 예시 2	출력 예시 2
70	2
10	
입력 예시 3	출력 예시 3
1	0
0	

해결

생각 열기

처음 가지고 있던 코인이 777이고 사용한 코인이 132인 경우를 생각해 보자. 이때 남은 코인은 645코인이다. 이 경우에는 500코인으로 영덕 대게 하나와 100코인으로 김천 포도 하나, 그리고 남은 45코인으로 상주 곶감 4개를 바꾸어 교환하는 특산물의 수를 최소로 할 수 있다.

생각 넓히기

의성 마늘 1개로 교환할 수 있는 50코인은 상주 곶감 1개를 교환할 수 있는 10코인의 정확히 5배이다. 따라서 50코인이 있다면 의성 마늘로 교환하는 것이 특산물의 수를 최소로 하는 방법이다. 100코인의 경우도 김천 포도로 교환하고, 500코인의 경우에도 영덕 대게로 교환하는 것이 특산물의 수를 최소로 하는 방법이다.

① 알고리즘 설계

남은 코인에서 500코인을 사용하여 특산물을 교환할 수 있는 만큼 교환하고, 이후 남는 코인으로 100코인을 사용하여 특산물을 교환할 수 있는 만큼 교환한다. 이후 남는 코인으로 50코인, 10코인을 사용하여 특산물을 교환한다.

10 특산물 교환

❷ 프로그래밍

행	Python 코드	C/C++ 코드
01	`n = int(input())`	`#include <stdio.h>`
02	`m = int(input())`	`int n, m, cnt = 0;`
03	`n -= m`	`int main()`
04	`cnt = n // 500`	`{`
05	`n %= 500`	`  scanf("%d", &n);`
06	`cnt += n // 100`	`  scanf("%d", &m);`
07	`n %= 100`	`  n -= m;`
08	`cnt += n // 50`	`  cnt = n / 500;`
09	`n %= 50`	`  n %= 500;`
10	`cnt += n // 10`	`  cnt += n / 100;`
11	`print(cnt)`	`  n %= 100;`
12		`  cnt += n / 50;`
13		`  n %= 50;`
14		`  cnt += n / 10;`
15		`  printf("%d", cnt);`
16		`}`

 검증

알고리즘의 정확성 및 효율성을 검증하기 위해서 비코(https://biko.kr) 또는 코드업(https://codeup.kr)에 접속하여 확인해 보자.

■ 비코

문제 번호	문제 이름	주소
1649	특산물 교환 0	https://www.biko.kr/problem/1649
1650	특산물 교환 1	https://www.biko.kr/problem/1650

■ 코드업

문제 번호	문제 이름	주소
2341	특산물 교환 0	https://codeup.kr/problem.php?id=2341
2342	특산물 교환 1	https://codeup.kr/problem.php?id=2342

11 고창 여행

🔒 문제

📖 문제 배경

전북특별자치도 고창군에는 고인돌 유적지를 비롯하여 유네스코 세계문화유산에 등재된 다양한 문화유산이 있다. 비버와 친구들은 함께 고창으로 여행을 가기 위해 어떤 관광지가 있는지 찾아보고, 자체 투표를 통해 일정 수 이상이 선택한 관광지를 함께 돌아보기로 하였다.

관광지별로 필요한 1인당 예상 경비는 다음과 같다.

[비버와 친구들의 고창 여행]
함께 가고 싶은 관광지는?

☑ ① 선운사 1,000원
☑ ② 모양성 1,000원
☑ ③ 구시포 해수욕장 2,000원
☑ ④ 고인돌 박물관 3,000원
☑ ⑤ 판소리 박물관 3,000원
☑ ⑥ 석정휴스파 6,000원
☑ ⑦ 상하농원 6,000원

🎓 문제 도전

비버와 친구들의 수(n), 여행지로 결정하기 위해 필요한 득표 수(k), 비버와 친구들이 선택한 관광지의 수 (p_i)와 각 관광지 번호(c_{ij})가 주어질 때, k명 이상의 친구들이 선택한 관광지를 모두 함께 돌아보기 위해 필요한 총 예상 경비를 계산해 보자.

✓ 입력 설명

첫 번째 줄에 친구 수(n)와 필요 인원수(k)가 스페이스를 사이에 두고 입력된다.

두 번째 줄부터 $n+1$번째 줄에 걸쳐 각각의 친구들이 고른 관광지의 개수(p_i)와 p_i개의 관광지 번호(c_{ij})가 스페이스를 사이에 두고 한 줄씩 입력된다.

k명 이상의 친구들이 선택한 관광지를 모두 함께 돌아보기 위해 필요한 총 예상 경비를 출력한다.

■ **입출력 예시**

입력 예시 1	출력 예시 1
5 3 3 1 2 3 5 1 2 3 4 5 7 1 2 3 4 5 6 7 6 2 3 4 5 6 7 4 6 4 2 5	80000

입력 예시 2	출력 예시 2
10 6 2 4 7 1 6 6 3 7 6 2 1 4 6 2 1 4 6 3 5 1 1 2 5 4 2 2 6 6 6 3 5 2 4 7 6 7 6 1 4 2 3 6 1 6 5 2 4 7	100000

해결

생각 열기

비버와 친구들은 총 10명이고, 여행지로 결정하기 위해 필요한 득표 수는 5개이다. 10명의 친구들이 선택한 관광지가 다음과 같이 주어질 때, 5명 이상의 친구들이 선택한 관광지를 모두 함께 여행하기 위해 필요한 총 예상 경비를 계산해 보자.

이름	선택	이름	선택
비버	1, 3, 5, 7	단이	2, 5, 7
로봇	1, 2, 3, 4, 5, 6, 7	모양도리	1, 2, 5, 6, 7
밝음이	1, 2, 3, 4	초롱비	3, 4, 5
쌀눈이	2, 4, 6	완돌이	2, 3, 4, 5, 7
맛돌이	3, 4, 5, 6	빠망	1, 2, 4, 6, 7

■ 알고리즘 설계

문제를 해결하기 위해서 현재 상태로부터 다음 상태로 탐색하기 위한 수행 작업을 정의해 보자.

수행하고자 하는 작업은 첫 번째 친구부터 마지막 10번째 친구까지 각 친구가 선택한 관광지 번호를 확인하는 것이다.

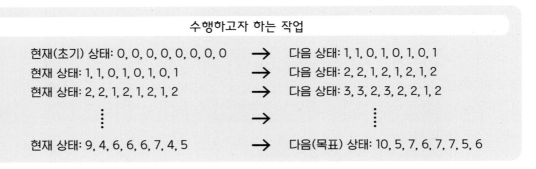

10번째 친구의 선택까지 모두 확인한 결과인 10이 되었으므로 목표 상태는 다음과 같다.

10, 5, 7, 6, 7, 7, 5, 6

목표 상태를 확인한 결과 1번 관광지부터 7번 관광지까지 모두 5표 이상을 득표하였다. 따라서 10명의 친구들이 1번부터 7번 관광지를 모두 돌아보게 되며, 필요한 경비는 다음과 같이 계산할 수 있다.

10명*(1,000원+1,000원+2,000원+3,000원+3,000원+6,000원+6,000원)=220,000원

생각 넓히기

만약 친구들이 모두 100명이고, 여행지로 결정하기 위해 필요한 득표 수가 70표라면 어떻게 문제를 풀 수 있을까?

100명의 친구들이 선택한 여행지를 반복문을 활용하여 모두 확인하고 각각의 여행지가 모두 몇 표를 득 표하였는지 파악한다. 그리고 여행지로 결정하기 위해 필요한 득표 수인 70표를 넘었는지를 확인하여 문 제를 풀 수 있다.

1 알고리즘 설계

친구 한 명 한 명의 선택을 확인하기 위해 친구의 수만큼 다음 작업을 반복해야 한다.

각 친구들이 선택한 여행지의 수가 입력되고, 이 수만큼 여행지의 수를 입력받아 해당 여행지의 득표 수 를 1개씩 늘려준다.

모든 친구의 선택을 확인한 후에는 각 여행지가 몇 표를 득표하였는지 파악하여 여행지로 결정하기 위 해 필요한 득표 수에 도달했는지 체크하고, 도달하였다면 필요 경비(인원*해당 여행지의 1인당 경비)를 계 산한다.

2 프로그래밍

행	Python 코드
01	`A = [0] * 10`
02	`B=[0,1000,1000,2000,3000,3000,6000,6000]`
03	`n, k = map(int, input().split())`
04	`for _ in range(n):`
05	`  C = list(map(int, input().split()))`
06	`  for i in range(1, C[0] + 1):`
07	`    A[C[i]] += 1`
08	`ans = 0`
09	`for i in range(1, 8):`
10	`  if A[i] >= k:`
11	`    ans += B[i] * n`
12	`print(ans)`

행	C/C++ 코드
01	`#include <stdio.h>`
02	`int A[10], B[8]={0,1000,1000,2000,3000,3000,6000,6000};`
03	`int main()`

```
04   {
05     int n, k, a, b, ans = 0;
06     scanf("%d %d", &n, &k);
07     for(int i = 0; i < n; i++)
08     {
09       scanf("%d", &a);
10       for(int j = 0; j < a; j++)
11       {
12         scanf("%d", &b);
13         A[b]++;
14       }
15     }
16     for(int i = 1; i < 8; i++)
17     {
18       if(A[i] >= k)
19         ans += B[i];
20     }
21     printf("%d", ans * n);
22   }
```

 ## 검증

알고리즘의 정확성 및 효율성을 검증하기 위해서 비코(https://biko.kr) 또는 코드업(https://codeup.kr)
에 접속하여 확인해 보자.

▌비코

문제 번호	문제 이름	주소
1615	고창 여행 0	https://www.biko.kr/problem/1615
1616	고창 여행 1	https://www.biko.kr/problem/1616

▌코드업

문제 번호	문제 이름	주소
2361	고창 여행 0	https://codeup.kr/problem.php?id=2361
2362	고창 여행 1	https://codeup.kr/problem.php?id=2362

12 고추장 항아리

🔒 문제

📖 문제 배경

전북특별자치도 순창군의 여러 마을에서는 전통적인 방식으로 최고급 고추장을 만들고 있다. 그중 한 마을에서는 고추와 항아리를 이용하여 다음과 같은 방법으로 고추장을 만들어 판매한다.

> • 최고 품질의 순창 고추 5kg을 이용하면 한 항아리를 가득 채운 순창 고추장을 만들어 150,000원에 판매할 수 있다.
> • 5kg 미만의 고추로도 고추장을 만들어서 항아리에 담을 수는 있지만 용량이 부족하여 판매할 수는 없다.

🎓 문제 도전

순창 고추의 양(n kg)이 주어질 때, 순창 고추장이 담긴 항아리 개수와 총 판매 금액을 계산해 보자.

✅ 입력 설명

순창 고추의 양(n)이 정수로 입력된다($1 \leq n \leq 1000$).

✅ 출력 설명

순창 고추장이 담긴 항아리 개수와 총 판매 금액을 스페이스를 사이에 두고 한 줄로 출력한다.

■ 입출력 예시

입력 예시 1	출력 예시 1
100	20 3000000
입력 예시 2	**출력 예시 2**
18	4 450000

해결

생각 열기

먼저 고추의 양이 117kg일 때는 어떻게 해결해야 할까? 한 항아리를 채우기 위해서 5kg의 고추가 필요하므로 한 항아리씩 만들어 가면 남은 고추와 가득 찬 항아리의 개수는 다음과 같다.

남은 고추의 양	항아리 개수
117	0
112	1
107	2
⋮	⋮

1 알고리즘 설계

문제를 해결하기 위해서 현재 상태로부터 다음 상태로 탐색하기 위한 수행 작업을 정의해 보자.

현재 상태에서 가능한 다음 상태는 고추 5kg을 이용하여 항아리 하나를 만드는 것을 수행 작업으로 정의한다. 이때 5kg으로 항아리를 만들면 가득 찬 항아리 값을 1 증가시키고, 5kg 미만의 고추가 남을 경우는 가득 차지 않은 항아리의 개수를 1 증가시킨다.

초기 상태로부터 목표 상태까지 탐색하는 수행 작업	
현재(초기) 상태: 18, 0, 0 →	다음 상태: 13, 1, 0
현재 상태: 13, 1, 0 →	다음 상태: 8, 2, 0
현재 상태: 8, 2, 0 →	다음 상태: 3, 3, 0
현재 상태: 3, 3, 0 →	다음(목표) 상태: 0, 3, 1

고추의 양이 0이 되었으므로 목표 상태는 다음과 같다.

0, 3, 1

따라서, 판매 금액은 가득 찬 항아리의 개수 3에 150,000을 곱한 540,000이고, 항아리의 개수는 가득 찬 항아리 3개와 일부 채워진 항아리 1개로, 모두 4개의 항아리가 있다.

❷ 프로그래밍

행	Python 코드	C/C++ 코드
01	`n = int(input())`	`#include <stdio.h>`
02	`x = 0`	`int main()`
03	`y = 0`	`{`
04	`while n > 0:`	`  int n, x = 0, y = 0;`
05	`  if n >= 5:`	`  scanf("%d", &n);`
06	`    n -= 5`	`  while(n > 0)`
07	`    x += 1`	`  {`
0a	`  elif n > 0:`	`    if(n >= 5)`
09	`    n = 0`	`    {`
10	`    y += 1`	`      n -= 5;`
11	`print(x + y, x * 150000)`	`      x++;`
12		`    }`
13		`    else if(n > 0)`
14		`    {`
15		`      n = 0;`
16		`      y++;`
17		`    }`
18		`  }`
19		`  printf("%d %d\n", x + y, x * 150000);`
20		`}`

🌱 생각 넓히기

고추장의 무게가 1,000,000,000이라면 어떤 방법으로 풀어야 할까?

이 문제를 앞선 방법처럼 초기 상태 1,000,000,000에서 고추의 무게를 5kg씩 줄이는 작업을 반복하여 목표 상태인 0kg으로 만들기 위해서는 수행해야 할 연산의 양이 너무나 많다. 따라서 반복적인 연산을 줄이는 아이디어가 필요하다.

이 문제에서 출력해야 하는 답은 고추장이 담긴 '항아리의 개수'와 '총 판매 금액'이다. 따라서 고추장이 담긴 항아리의 개수를 구하되, 고추장을 가득 채우지 못한 항아리가 만들어지지 않는 경우와 만들어지는 경우를 구분하여 문제를 해결할 수 있다.

예를 들어 20kg의 고추가 있는 경우는 5kg의 배수인 경우로서 고추장을 가득 채우지 못한 항아리는 만들어지지 않는다. 22kg의 고추가 있는 경우라면 4개의 항아리를 가득 채우고, 가득 채우지 못한 1개의 항아리가 만들어진다. 이때에는 총 5개의 항아리에 고추장이 담기게 되고, 이 중 4개의 항아리만 판매할 수 있다.

1 알고리즘 설계

고추의 무게가 5kg의 배수인 경우

고추의 무게가 5kg의 배수라면 고추장이 가득 채워진 항아리만 만들어지고, 그렇지 않은 항아리는 만들어지지 않는다. 또한 이때의 총 판매 금액은 만들어진 항아리의 수에 150,000원을 곱해서 구할 수 있다.

> ① 고추장이 담긴 항아리의 수: 고추의 무게를 5로 나눈 몫
> ② 총 판매 금액: 고추장이 담긴 항아리의 수*150,000원

고추의 무게가 5kg의 배수가 아닌 경우

고추의 무게가 5kg의 배수가 아니라면 고추장이 가득 채워지지 않은 항아리가 만들어진다. 이때의 총 판매 금액은 고추장이 가득 채워진 항아리의 수에 150,000원을 곱해서 구한다.

> ① 고추장이 담긴 항아리의 수: 고추의 무게를 5로 나눈 몫+1
> ② 총 판매 금액: 고추장이 가득 담긴 항아리의 수*150,000원

2 프로그래밍

행	Python 코드	C/C++ 코드
01	`n = int(input())`	`#include <stdio.h>`
02	`if n % 5 == 0:`	`int main()`
03	`  a = n // 5`	`{`
04	`  b = a * 150000`	`  long long int n, a, b;`
05	`else:`	`  scanf("%lld", &n);`
06	`  a = n // 5 + 1`	`  if(n % 5 == 0)`
07	`  b = (a - 1) * 150000`	`  {`
08	`print(a, b)`	`    a = n / 5;`
09		`    b = a * 150000;`
10		`  }`
11		`  else`
12		`  {`
13		`    a = n / 5 + 1;`
14		`    b = (a - 1) * 150000;`
15		`  }`
16		`  printf("%lld %lld", a, b);`
17		`}`

검증

알고리즘의 정확성 및 효율성을 검증하기 위해서 비코(https://biko.kr) 또는 코드업(https://codeup.kr)에 접속하여 확인해 보자.

■ 비코

문제 번호	문제 이름	주소
1617	고추장 항아리 0	https://www.biko.kr/problem/1617
1618	고추장 항아리 1	https://www.biko.kr/problem/1618
1620	고추장 항아리 2	https://www.biko.kr/problem/1620

■ 코드업

문제 번호	문제 이름	주소
2363	고추장 항아리 0	https://codeup.kr/problem.php?id=2363
2364	고추장 항아리 1	https://codeup.kr/problem.php?id=2364
2365	고추장 항아리 2	https://codeup.kr/problem.php?id=2365

13 야채빵과 단팥빵

🔒 문제

📖 문제 배경

전북특별자치도 군산시에는 우리나라에서 가장 오래된 유명한 빵집이 있는데 야채빵과 단팥빵으로 유명하다.
비버 호텔은 이 빵집에서 야채빵과 단팥빵을 사서 호텔 손님들에게 제공하는 이벤트를 실시하기로 했다.

비버 호텔은 다음과 같은 방법으로 빵을 구입한다.

> **● 야채빵과 단팥빵 구입 규칙**
>
> • 비버 호텔에서는 매주 금요일에 빵을 구입한다.
>
> • 빵을 구입하는 날이 a월 b일이라면, **야채빵은 a+b개**를 구입하고, **단팥빵은 (a+b)x2개**를 구입한다.
>
> (예) 2024년 1월 19일(금)에는 야채빵 20개, 단팥빵 40개를 구입한다.

🎓 문제 도전

비버 호텔에서 이 이벤트를 시작하는 날과 종료하는 날이 주어질 때, 모두 몇 개의 야채빵과 단팥빵을 구매해야 하는지 계산해 보자. 단, 윤년을 고려해야 한다.

✅ 입력 설명

첫 번째 줄에 이벤트 시작일이 YYYY.MM.DD 형식으로 입력된다.
두 번째 줄에 이벤트 종료일이 YYYY.MM.DD 형식으로 입력된다.
이벤트는 2000년 1월 1일부터 2100년 12월 31일 사이 진행한다.

✅ 출력 설명

비버 호텔에서 구입하는 야채빵과 단팥빵의 개수를 스페이스를 사이에 두고 한 줄로 출력한다.

■ 입출력 예시

입력 예시 1	출력 예시 1
2023.01.01 2023.12.31	1157 2314
입력 예시 2	**출력 예시 2**
2022.11.14 2022.12.14	100 200

해결

생각 열기

호텔의 이벤트가 2023년 11월 27일에 시작해서 2024년 1월 10일에 종료한다고 할 때, 모두 몇 개의 야채빵과 단팥빵을 구매해야 하는지 계산해 보자.

■ 알고리즘 설계

먼저 달력을 활용하여 2023년 11월 27일과 2024년 1월 10일 사이에 존재하는 금요일을 파악해 보자.

11월 27일이 월요일이므로 첫 번째 금요일은 12월 1일이고, 마지막 금요일은 1월 5일이다. 이 기간의 금요일을 모두 나열하면 다음과 같다.

> 12월 1일
> 12월 8일
> 12월 15일
> 12월 22일
> 12월 29일
> 1월 5일

따라서, 야채빵은 12+1, 12+8, 12+15, 12+22, 12+29, 1+5를 모두 합한 값(141)이고, 단팥빵은 야채빵에 2를 곱한 값(282)이다.

생각 넓히기

호텔의 이벤트 시작일과 종료일을 2000년 1월 1일에서 2100년 12월 31일 사이 기간 중 임의로 정한다면, 어떻게 계산해야 할까?

1 알고리즘 설계

시작일과 종료일을 입력받아서 두 날짜 사이의 금요일을 모두 판단할 수 있도록 시뮬레이션할 수 있는 코드를 작성해야 한다.

최대 101년 동안의 각 날짜에 대해서 전탐색을 해야 하므로 1초에 충분히 탐색할 수 있는 양이다. 단, 2000년 1월 1일은 토요일이라는 사실을 먼저 확인한 후, 탐색할 때 각 월별 일수 및 윤년일 경우 2월 처리에 유의하여 작성해야 한다.

2 프로그래밍

행	Python 코드
01	`mon = [0,31,28,31,30,31,30,31,31,30,31,30,31]`
02	`day = 6`
03	`ans = 0`
04	`Y, M, D = 2000, 1, 1`
05	`y, m, d = map(int, input().split('.'))`
06	`yy, mm, dd = map(int, input().split('.'))`
07	`if yy%400==0 or (yy%100!=0 and yy%4==0):`
08	`  mon[2] = 29`
09	`else:`
10	`  mon[2] = 28`
11	`while Y != yy or M != mm or D != dd:`
12	`  if (Y > y or (Y == y and M > m) or`
13	`    (Y == y and M == m and D >= d)) and day == 5:`
14	`    ans += M + D`
15	`  day += 1`
16	`  day = day % 7`
17	`  D += 1`
18	`  if D > mon[M]:`
19	`    M += 1`
20	`    D = 1`
21	`  if M > 12:`
22	`    M = 1`

```
23      Y += 1
24    if Y%4000==0 or (Y%100!=0 and Y%4==0):
25      mon[2] = 29
26    else:
27      mon[2] = 28
28  if day == 5:
29    ans += M + D
30  print(ans, 2 * ans)
```

행	C/C++ 코드

```
01  #include <stdio.h>
02  int mon[13]={0,31,28,31,30,31,30,31,31,30,31,30,31};
03  int Y, M, D, y, m, d, yy, mm, dd, day=6, ans=0;
04  int main()
05  {
06    Y = 2000, M = 1, D = 1;
07    scanf("%d.%d.%d", &y, &m, &d);
08    scanf("%d.%d.%d", &yy, &mm, &dd);
09    if(yy%400 ==0 || (yy%100!=0 && yy%4==0))
10      mon[2] = 29;
11    else
12      mon[2] = 28;
13    while(Y != yy || M != mm || D != dd)
14    {
15      if((Y>y || (Y==y && M>m) ||
16        (Y==y && M==m && D>=d)) && day==5)
17        ans += M + D;
18      day++;
19      day = day % 7;
20      D++;
21      if(D > mon[M])
22      {
23        M++;
24        D = 1;
25      }
26      if(M > 12)
27      {
28        M = 1;
29        Y++;
```

```
30        }
31        if(Y%400==0 || (Y%100!=0 && Y%4==0))
32          mon[2] = 29;
33        else
34          mon[2] = 28;
35      }
36      if(day == 5)
37        ans += M + D;
38      printf("%d %d\n", ans, ans * 2);
39    }
```

 ## 검증

알고리즘의 정확성 및 효율성을 검증하기 위해서 비코(https://biko.kr) 또는 코드업(https://codeup.kr)에 접속하여 확인해 보자.

■ 비코

문제 번호	문제 이름	주소
1621	야채빵과 단팥빵 0	https://www.biko.kr/problem/1621
1622	야채빵과 단팥빵 1	https://www.biko.kr/problem/1622

■ 코드업

문제 번호	문제 이름	주소
2366	야채빵과 단팥빵 0	https://codeup.kr/problem.php?id=2366
2367	야채빵과 단팥빵 1	https://codeup.kr/problem.php?id=2367

14 전주비빔밥

🔒 문제

📖 문제 배경

전북특별자치도 전주시의 한옥마을에서는 가을마다 전주비빔밥 축제가 열린다. 전주비빔밥은 우리나라 최대의 곡창지대인 호남평야와 전북특별자치도에서 생산된 영양 많고 신선한 쌀과 고기, 각종 채소와 고추장 등을 이용한 특별한 음식으로 국내를 넘어 해외에서도 주목을 받고 있다.

다음은 전주비빔밥 축제를 준비하기 위해 전주비빔밥을 만드는 레시피 중 하나이다.

> ● **나만의 전주비빔밥 만들기**
>
> 1. 쌀 180g, 육수 200ml, 쇠고기 육회 50g, 콩나물 40g, 고사리 50g, 도라지 30g, 달걀 1개, 각종 야채 및 양념을 준비한다.
>
> 2. 사골 육수에 쌀을 넣어 밥을 짓는다.
>
> 3. 쇠고기 육회를 준비한다.
>
> 4. 콩나물, 고사리, 도라지 나물을 준비한다.
>
> 5. 그릇에 밥을 담고 재료들을 고루 돌려 담은 후 고추장을 얹는다.

🎓 문제 도전

전주비빔밥 축제를 위해 준비된 콩나물의 양(a), 고사리의 양(b), 도라지의 양(c)이 주어질 때, 만들 수 있는 전주비빔밥의 최대 그릇 수를 계산해 보자. 단, 다른 재료들은 충분히 많이 준비되어 있다.

✓ 입력 설명

콩나물의 양(a), 고사리의 양(b), 도라지의 양(c)이 스페이스를 사이에 두고 한 줄로 입력된다(0 < a ≤ 100000, 0 < b ≤ 100000, 0 < c ≤ 100000).

✓ **출력 설명**

만들 수 있는 전주비빔밥의 최대 그릇 수를 출력한다.

■ **입출력 예시**

입력 예시 1	출력 예시 1
1000 1000 1000	20
입력 예시 2	출력 예시 2
1000 1200 700	23

🔓 **해결**

 생각 열기

먼저, 다른 재료들은 충분히 있고 콩나물 21,064, 고사리 22,054, 도라지 23,063이 준비되었을 때 만들 수 있는 전주비빔밥의 최대 그릇 수를 계산해 보자.

■ **알고리즘 설계**

전주비빔밥을 1그릇 만들기 위한 콩나물, 고사리, 도라지의 양은 각각 다음과 같다.

재료	콩나물	고사리	도라지
전주비빔밥 1그릇에 필요한 양	40	50	30

주어진 재료인 콩나물 외 재료들은 충분히 있다고 가정할 때, 콩나물 21,064로 만들 수 있는 전주비빔밥의 수는 21,064를 40으로 나눈 몫으로 구할 수 있다. 콩나물, 고사리, 도라지 각 재료별로 만들 수 있는 전주비빔밥의 수는 다음과 같다.

재료	콩나물 21,064	고사리 22,054	도라지 22,063
각 재료로 만들 수 있는 전주비빔밥의 수	526그릇	441그릇	735그릇

위 각 재료로 만들 수 있는 전주비빔밥의 수 중 가장 적은 그릇을 택하는 것이 타당하다. 왜냐하면 콩나물로는 526그릇을 만들 수 있지만 고사리로는 441그릇만 만들 수 있으므로 다른 재료들이 남아도 고사리가 부족해서 441그릇 이상 만들 수 없기 때문이다.

따라서 정답은 441 그릇이다.

생각 넓히기

이제 각 자료의 양을 변수로 설정하여 입력되는 값에 대해서 일반적으로 답을 구할 수 있는 알고리즘을 생각해 보자.

1 알고리즘 설계

콩나물의 양, 고사리의 양, 도라지의 양을 각각 a, b, c라 할 때 이 값을 각각 입력받고 다음과 같은 절차로 답을 구할 수 있다.

- 각 재료로 만들 수 있는 전주비빔밥의 수 구하기
- 각 재료로 만들 수 있는 전주비빔밥의 수 중 최솟값 구하기
- 최솟값을 출력하기

각 자료로 만들 수 있는 전주비빔밥의 수는 다음과 같이 구할 수 있다.

$$a/40$$
$$b/50$$
$$c/30$$

이 식을 이용하여 프로그램을 구현할 수 있다.

❷ 프로그래밍

행	Python 코드	C/C++ 코드
01	`a, b, c = input().split()`	`#include <stdio.h>`
02	`a = int(a)`	`int a, b, c;`
03	`b = int(b)`	`int min(int x, int y)`
04	`c = int(c)`	`{`
05	`a = a // 40`	`  return x > y ? y : x;`
06	`b = b // 50`	`}`
07	`c = c // 30`	`int main()`
08	`print(min(a, b, c))`	`{`
09		`  scanf("%d %d %d", &a, &b, &c);`
10		`  a = a / 40;`
11		`  b = b / 50;`
12		`  c = c / 30;`
13		`  printf("%d\n", min(a, min(b, c)));`
14		`}`

 검증

알고리즘의 정확성 및 효율성을 검증하기 위해서 비코(https://biko.kr) 또는 코드업(https://codeup.kr)에 접속하여 확인해 보자.

■ 비코

문제 번호	문제 이름	주소
1623	전주 비빔밥 0	https://www.biko.kr/problem/1623
1624	전주 비빔밥 1	https://www.biko.kr/problem/1624

■ 코드업

문제 번호	문제 이름	주소
2368	전주 비빔밥 0	https://codeup.kr/problem.php?id=2368
2369	전주 비빔밥 1	https://codeup.kr/problem.php?id=2369

15 특산물 선물 세트

🔒 문제

📖 문제 배경

전북특별자치도에는 김제 백구포도, 군산 박대, 고창 복분자, 남원 목공예품, 무주 천마, 부안 오디, 순창 고추장, 완주 곶감, 익산 고구마, 임실 치즈, 장수 한우, 전주 탁주, 정읍 쌍화차, 진안 홍삼 등 매우 많은 특산물이 있다. 이중 서로 다른 3개의 특산물을 선택하여 나만의 선물 세트를 만들어 친구들에게 선물하려고 한다.

🎓 문제 도전

특산물의 가짓수(n)와 각 특산물의 가격(p_i), 선물할 친구의 수(m)와 특산물 구입에 사용할 수 있는 금액(k)이 주어질 때, 선물 세트를 만들 수 있는 방법의 수를 계산해 보자. 단, 금액은 남아도 되며, 선택한 특산물의 순서는 고려하지 않는다.

✔️ 입력 설명

첫 번째 줄에 특산물의 가짓수(n)가 입력된다(1 ≤ n ≤ 100).
두 번째 줄에 각 특산물의 1개당 가격(p_i)이 스페이스를 사이에 두고 한 줄로 입력된다(100 ≤ p_i ≤ 10000).
세 번째 줄에 친구들의 인원수(m)와 총 금액(k)이 스페이스를 사이에 두고 한 줄로 입력된다(1 ≤ m ≤ 100, 10000 ≤ k ≤ 1000000).

✔ **출력 설명**

선물 세트를 만들 수 있는 방법의 수를 출력한다.

■ **입출력 예시**

입력 예시 1	출력 예시 1
5 1000 1500 300 200 700 5 25000	10
입력 예시 2	출력 예시 2
8 1000 5000 2000 1500 2200 3400 10000 500 8 100000	39

 해결

생각 열기

먼저 특산물의 수는 10개이고, 특산물의 가격은 차례대로 2500, 5000, 3700, 5300, 4900, 6800, 7900, 2200, 3100, 3900이다.

선물할 친구의 수는 8명이고, 특산물 구입에 사용할 수 있는 금액은 100,000일 때, 선물 세트를 만들 수 있는 방법의 수를 계산해 보자.

❶ 알고리즘 설계

10개의 특산물 중에 3개를 골라 8개의 선물 세트를 구성할 수 있으면 친구들에게 원하는 선물을 할 수 있다. 이와 같은 경우의 수를 세는 방법을 생각해 보자.

먼저 사용할 수 있는 금액이 100,000원이고 이를 이용하여 8명의 친구들에게 선물해야 한다. 먼저 1개의 선물 세트를 계산하기 위해서 100,000을 8로 나눈 몫을 구하면 선물 세트 하나에 활용해야 할 금액을 알 수 있다.

100000/8=12500

따라서, 12,500원으로 3개의 선물을 골라 하나의 세트로 만들 수 있다. 가능한 경우를 모두 나열해 보자.

첫 번째 선물	두 번째 선물	세 번째 선물	합계	가능 여부
2500	5000	3700	11,200	○
2500	5000	5300	12,800	×
2500	5000	4900	12,400	○
2500	5000	6800	14,300	×
2500	5000	7900	15,400	×
2500	5000	2200	9,700	○
2500	5000	3100	10,600	○
2500	5000	3900	11,400	○
2500	3700	5300	11,500	○
2500	3700	4900	11,100	○
2500	3700	6800	13,000	×
2500	3700	7900	14,100	×
2500	3700	2200	8,400	○
2500	3700	3100	9,300	○
2500	3700	3900	10,100	○
2500	5300	4900	12,700	×
2500	5300	6800	14,600	×
2500	5300	7900	15,700	×
2500	5300	2200	10,000	○
2500	5300	3100	10,900	○
2500	5300	3900	11,700	○
2500	4900	6800	14,200	×
2500	4900	7900	15,300	×
2500	4900	2200	9,600	○
2500	4900	3100	10,500	○
2500	4900	3900	11,300	○
2500	6800	7900	17,200	×
2500	6800	2200	11,500	○
2500	6800	3100	12,400	○
2500	6800	3900	13,200	×
2500	7900	2200	12,600	×
2500	7900	3100	13,500	×
2500	7900	3900	14,300	×
2500	2200	3100	7,800	○
2500	2200	3900	8,600	○

첫 번째 선물	두 번째 선물	세 번째 선물	합계	가능 여부
2500	3100	3900	9,500	○
5000	3700	5300	14,000	×
5000	3700	4900	13,600	×
5000	3700	6800	15,500	×
5000	3700	7900	16,600	×
5000	3700	2200	10,900	○
5000	3700	3100	11,800	○
5000	3700	3900	12,600	×
5000	5300	4900	15,200	×
5000	5300	6800	17,100	×
5000	5300	7900	18,200	×
5000	5300	2200	12,500	○
5000	5300	3100	13,400	×
5000	5300	3900	14,200	×
5000	4900	6800	16,700	×
5000	4900	7900	17,800	×
5000	4900	2200	12,100	○
5000	4900	3100	13,000	×
5000	4900	3900	13,800	×
5000	6800	7900	19,700	×
5000	6800	2200	14,000	×
5000	6800	3100	14,900	×
5000	6800	3900	15,700	×
5000	7900	2200	15,100	×
5000	7900	3100	16,000	×
5000	7900	3900	16,800	×
5000	2200	3100	10,300	○
5000	2200	3900	11,100	○
5000	3100	3900	12,000	○
3700	5300	4900	13,900	×
3700	5300	6800	15,800	×
3700	5300	7900	16,900	×
3700	5300	2200	11,200	○
3700	5300	3100	12,100	○
3700	5300	3900	12,900	×
3700	4900	6800	15,400	×
3700	4900	7900	16,500	×
3700	4900	2200	10,800	○
3700	4900	3100	11,700	○
3700	4900	3900	12,500	○

첫 번째 선물	두 번째 선물	세 번째 선물	합계	가능 여부
3700	6800	7900	18,400	×
3700	6800	2200	12,700	×
3700	6800	3100	13,600	×
3700	6800	3900	14,400	×
3700	7900	2200	13,800	×
3700	7900	3100	14,700	×
3700	7900	3900	15,500	×
3700	2200	3100	9,000	○
3700	2200	3900	9,800	○
3700	3100	3900	10,700	○
5300	4900	6800	17,000	×
5300	4900	7900	18,100	×
5300	4900	2200	12,400	○
5300	4900	3100	13,300	×
5300	4900	3900	14,100	×
5300	6800	7900	20,000	×
5300	6800	2200	14,300	×
5300	6800	3100	15,200	×
5300	6800	3900	16,000	×
5300	7900	2200	15,400	×
5300	7900	3100	16,300	×
5300	7900	3900	17,100	×
5300	2200	3100	10,600	○
5300	2200	3900	11,400	○
5300	3100	3900	12,300	○
4900	6800	7900	19,600	×
4900	6800	2200	13,900	×
4900	6800	3100	14,800	×
4900	6800	3900	15,600	×
4900	7900	2200	15,000	×
4900	7900	3100	15,900	×
4900	7900	3900	16,700	×
4900	2200	3100	10,200	○
4900	2200	3900	11,000	○
4900	3100	3900	11,900	○
6800	7900	2200	16,900	×
6800	7900	3100	17,800	×
6800	7900	3900	18,600	×
6800	2200	3100	12,100	○
6800	2200	3900	12,900	×

첫 번째 선물	두 번째 선물	세 번째 선물	합계	가능 여부
6800	3100	3900	13,800	×
7900	2200	3100	13,200	×
7900	2200	3900	14,000	×
7900	3100	3900	14,900	×
2200	3100	3900	9,200	○

위 표와 같이 모든 경우를 다 나열해볼 수 있다. 이 중 12,500 이하의 경우는 모두 35가지이다.

생각 넓히기

이제는 선물의 개수, 각 선물의 가격, 친구의 수, 내가 사용할 수 있는 금액을 모두 입력받아서 가능한 경우의 수를 구하는 방법으로 일반화하는 알고리즘을 작성해 보자.

1 알고리즘 설계

각 값을 모두 입력받는다. 단, 각 선물의 가격은 구현의 효율을 위해서 리스트(배열) 형태로 입력받도록 한다.

선물의 개수가 많지 않으므로 가능한 모든 경우를 탐색하여 문제를 해결할 수 있다. 탐색 구조는 n개의 선물 중 3개를 고르는 것이다. 고르는 선물의 개수가 3으로 고정되어 있으므로 3중 반복문으로 처리할 수 있다.

설계하는 알고리즘은 다음과 같다. 순서를 고려하지 않으면서 3개의 선물을 모두 나열하는 방법으로 작성해야 하므로 다음과 같은 알고리즘을 작성해 보자.

```
각 선물 x는 1부터 n-2를 탐색
    각 선물 y는 x+1부터 n-1을 탐색
        각 선물 z는 y+1부터 n을 탐색
            x, y, z 선물 무게의 합이 <= k/m을 만족하는 경우
                카운팅한다.
```

위 방법을 활용하면 모든 경우를 나열하면서 원하는 경우를 카운팅할 수 있다.

☑ 프로그래밍

행	Python 코드	C/C++ 코드
01	`n = int(input())`	`#include <stdio.h>`
02	`a = list(map(int, input().split()))`	`int n, m, k, ans;`
03	`m, k = map(int, input().split())`	`int a[110];`
04	`k //= m`	`int main()`
05	`ans = 0`	`{`
06	`for i in range(0, n - 2):`	`  scanf("%d", &n);`
07	`  for j in range(i + 1, n - 1):`	`  for(int i = 0; i < n; i++)`
08	`    for w in range(j + 1, n):`	`    scanf("%d", &a[i]);`
09	`      if a[i] + a[j] + a[w] <= k:`	`  scanf("%d %d", &m, &k);`
10	`        ans += 1`	`  k /= m;`
11	`print(ans)`	`  for(int x = 0; x < n - 2; x++)`
12		`    for(int y = x + 1; y < n - 1; y++)`
13		`      for(int z = y + 1; z < n; z++)`
14		`        if(a[x] + a[y] + a[z] <= k)`
15		`          ans++;`
16		`  printf("%d\n", ans);`
17		`}`

 검증

알고리즘의 정확성 및 효율성을 검증하기 위해서 비코(https://biko.kr) 또는 코드업(https://codeup.kr)에 접속하여 확인해 보자.

■ 비코

문제 번호	문제 이름	주소
1625	특산물 선물 세트 0	https://www.biko.kr/problem/1625
1627	특산물 선물 세트 1	https://www.biko.kr/problem/1627

■ 코드업

문제 번호	문제 이름	주소
2370	특산물 선물 세트 0	https://codeup.kr/problem.php?id=2370
2371	특산물 선물 세트 1	https://codeup.kr/problem.php?id=2371

PART

III

SFPC

SFPC 도전하기

PART Ⅲ에서는 2021 SFPC 제주, 2022 SFPC 경북, 2023 SFPC 전북의 도전하기를 통해서 소개된 15개의 문제를 소개한다. PART Ⅱ의 준비하기에서 배운 내용을 바탕으로, PART Ⅲ의 SFPC 도전하기 문제를 해결해 보자.

문제 배경

ABO 혈액형 분류식을 기준으로, 부모의 혈액형 인자 정보를 알고 있을 때 나올 수 있는 자녀의 혈액형을 판단하는 기준은 다음과 같다.

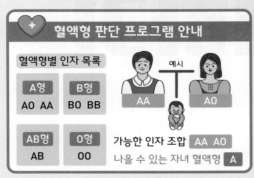

문제 ①

부모의 혈액형 인자가 AB와 OO일 때, 나올 수 있는 자녀의 혈액형은 무엇인지 출력하는 프로그램을 완성해 보자.

출력 설명

- 자녀가 가질 수 있는 혈액형을 띄어쓰기로 구분하여 차례대로 모두 출력한다.
- 단, 알파벳순으로 출력한다. 예 A AB B O

문제 해결

비코(https://biko.kr) 또는 코드업(https://codeup.kr)에 접속하여 문제를 해결해 보자.

사이트	문제 번호	문제 이름	주소
비코	1673	자녀의 혈액형 0	https://www.biko.kr/problem/1673
코드업	2321	자녀의 혈액형 0	https://codeup.kr/problem.php?id=2321

안녕,
제주

문제 1

사용자로부터 부모의 혈액형 인자 정보를 입력받았을 때, 나올 수 있는 자녀의 혈액형은 무엇인지 출력하는 프로그램을 완성해 보자.

입력 설명

- 첫 번째 줄에 부모의 혈액형 인자를 띄어쓰기로 구분하여 입력된다.
- 입력되는 인자는 AA, AO, AB, BO, BB, OO 중 하나이다.

출력 설명

- 자녀가 가질 수 있는 혈액형을 띄어쓰기로 구분하여 모두 출력한다.
- 단, 알파벳순으로 출력한다. 예 A AB B O

■ **입출력 예시**

입력 예시 1	출력 예시 1
AA AO	A
입력 예시 2	출력 예시 2
AB AB	A AB B
입력 예시 3	출력 예시 3
OO OO	O

문제 해결

비코(https://biko.kr) 또는 코드업(https://codeup.kr)에 접속하여 문제를 해결해 보자.

사이트	문제 번호	문제 이름	주소
비코	1674	자녀의 혈액형 1	https://www.biko.kr/problem/1674
코드업	2322	자녀의 혈액형 1	https://codeup.kr/problem.php?id=2322

문제 풀이 170쪽

문제 배경

제주 앞바다에서 보말('바다 고동'의 제주 방언)을 채취한 해녀 비버가 장터에서 다른 해산물과 교환하려 한다. 장터에서는 아래 기준으로 해산물을 교환할 수 있다.

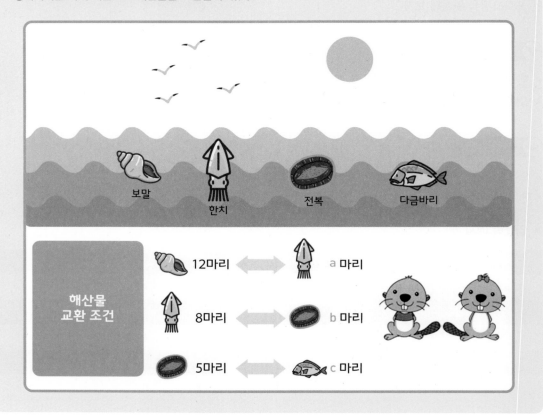

문제 ①

해녀 비버가 100마리의 보말을 채취하였을 때, 교환 가능한 다금바리가 최대 몇 마리인지 출력하는 프로그램을 완성해 보자.

출력 설명

교환 가능한 다금바리가 최대 몇 마리인지 정수로 출력한다.

안녕,
제주

💡 문제 해결

비코(https://biko.kr) 또는 코드업(https://codeup.kr)에 접속하여 문제를 해결해 보자.

사이트	문제 번호	문제 이름	주소
비코	1675	해녀 비버 0	https://www.biko.kr/problem/1675
코드업	2323	해녀 비버 0	https://codeup.kr/problem.php?id=2323

🎓 문제 1

해녀 비버가 n마리의 보말을 채취하였을 때, 교환 가능한 다금바리가 최대 몇 마리인지 출력하는 프로그램을 완성해 보자.

✅ 입력 설명

• 입력은 두 줄로 한다.
• 첫 번째 줄에는 비버가 채취한 보말이 몇 마리(n)인지 정수로 입력한다($1 \leq n \leq 1000000000$).
• 두 번째 줄에는 〈해산물 교환 조건〉 그림의 a, b, c에 해당하는 값을 띄어쓰기로 구분하여 정수로 입력한다($1 \leq a, b, c \leq 100$).

✅ 출력 설명

• n마리의 보말로 얻을 수 있는 다금바리가 최대 몇 마리인지 정수로 출력한다.

■ 입출력 예시

입력 예시 1	출력 예시 1
50 11 9 4	36
입력 예시 2	출력 예시 2
300 6 4 3	42

02 해녀 비버 **127**

입력 예시 3	출력 예시 3
1000 30 20 50	62200

입력 예시 4	출력 예시 4
100000 10 10 10	208320

문제 해결

비코(https://biko.kr) 또는 코드업(https://codeup.kr)에 접속하여 문제를 해결해 보자.

사이트	문제 번호	문제 이름	주소
비코	1676	해녀 비버 1	https://www.biko.kr/problem/1676
코드업	2324	해녀 비버 1	https://codeup.kr/problem.php?id=2324

✎ 문제 풀이 174쪽

03 덧셈왕 비버

안녕,
제주

📖 문제 배경

덧셈왕 비버에게는 연속 부분 수열을 계산하는 2가지 특별한 능력이 있다. 이때, 연속 부분 수열이란 차례대로 나열한 1개 이상의 수의 묶음이다.

① 연속 부분 수열의 합을 2초 안에 계산할 수 있다.

② 위 ①에서 구한 것과 합이 같은 연속 부분 수열의 개수를 2초 안에 구할 수 있다.

예를 들어, 위와 같이 10개의 수를 나열한 수열이 있을 때, 덧셈왕 비버는 3번째 수부터 7번째 수까지의 연속 부분 수열의 합(27)을 2초 안에 계산할 수 있다.

합은 27

또한, 앞서 구한 27과 합이 같은 연속 부분 수열의 개수(4개)를 2초 안에 구할 수 있다.

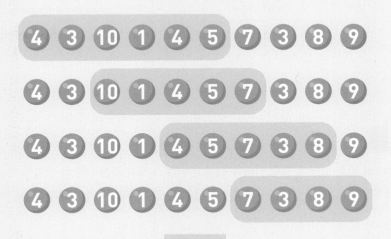

4개

문제 0

여러분은 컴퓨터의 힘을 빌려 덧셈왕 비버를 이겨야 한다. 다음은 20개의 수를 나열한 수열이다.

4 2 3 1 10 3 1 3 4 5 9 7 4 1 3 8 2 5 1 9

3번째 수부터 7번째 수까지의 합을 구한 후, 그것과 합이 같은 연속 부분 수열의 개수를 출력하는 프로그램을 완성해 보자.

출력 설명

연속 부분 수열의 개수를 정수로 출력한다.

문제 해결

비코(https://biko.kr) 또는 코드업(https://codeup.kr)에 접속하여 문제를 해결해 보자.

사이트	문제 번호	문제 이름	주소
비코	1677	덧셈왕 비버 0	https://www.biko.kr/problem/1677
코드업	2325	덧셈왕 비버 0	https://codeup.kr/problem.php?id=2325

문제 1

여러분은 컴퓨터의 힘을 빌려 덧셈왕 비버를 이겨야 한다. n개의 수를 나열한 수열이 있을 때, 그 중 a번째 수부터 b번째 수까지의 합을 구한 후, 그것과 합이 같은 연속 부분 수열의 개수를 출력하는 프로그램을 완성해 보자.

입력 설명

- 첫 번째 줄에 수의 개수 n이 정수로 입력된다($1 \leq n \leq 100$).
- 두 번째 줄에는 n개의 수(C_i)가 띄어쓰기로 구분되어 정수로 입력된다($1 \leq C_i \leq 10$).
- 세 번째 줄에는 a와 b가 띄어쓰기로 구분되어 정수로 입력된다($1 \leq a \leq b \leq n$).

연속 부분 수열의 개수를 정수로 출력한다.

■ **입출력 예시**

입력 예시 1	출력 예시 1
10 4 3 10 1 4 5 7 3 8 9 3 7	4
입력 예시 2	출력 예시 2
10 1 2 3 4 5 4 3 2 1 5 3 3	4

💡 문제 해결

비코(https://biko.kr) 또는 코드업(https://codeup.kr)에 접속하여 문제를 해결해 보자.

사이트	문제 번호	문제 이름	주소
비코	1678	덧셈왕 비버 1	https://www.biko.kr/problem/1678
코드업	2326	덧셈왕 비버 1	https://codeup.kr/problem.php?id=2326

🎓 문제 2

여러분은 컴퓨터의 힘을 빌려 덧셈왕 비버를 이겨야 한다. n개의 수를 나열한 수열이 있을 때, 그 중 a번째 수부터 b번째 수까지의 합을 구한 후, 그것과 합이 같은 연속 부분 수열의 개수를 출력하는 프로그램을 완성해 보자.

✓ 입력 설명

- 첫 번째 줄에 수의 개수 n이 정수로 입력된다($1 \le n \le 3000$).
- 두 번째 줄에 n개의 수(C_i)가 띄어쓰기로 구분되어 정수로 입력된다($-100000 \le C_i \le 100000$).
- 세 번째 줄에 a와 b가 띄어쓰기로 구분되어 정수로 입력된다($1 \le a \le b \le n$).

✓ 출력 설명

연속 부분 수열의 개수를 정수로 출력한다.

■ 입출력 예시

입력 예시 1	출력 예시 1
10 4 3 10 1 4 5 7 3 8 9 3 7	4

입력 예시 2	출력 예시 2
10 1 2 3 4 5 4 3 2 1 5 3 3	4

입력 예시 3	출력 예시 3
10 1 2 -3 4 5 4 3 2 1 -6 3 3	2

💡 문제 해결

비코(https://biko.kr) 또는 코드업(https://codeup.kr)에 접속하여 문제를 해결해 보자.

사이트	문제 번호	문제 이름	주소
비코	1679	덧셈왕 비버 2	https://www.biko.kr/problem/1679
코드업	2327	덧셈왕 비버 2	https://codeup.kr/problem.php?id=2327

✎ 문제 풀이 176쪽

04 칭찬 스티커

📖 문제 배경

비버고등학교에서는 아래 규칙에 따라 칭찬 스티커를 발급한다.

- 칭찬 스티커는 평일, 주말 관계없이 매일 발급한다.
- 각 학생은 1년에 1개의 스티커만 받을 수 있으며, 한 번 스티커를 받으면 다시는 받지 못한다.
- 3월 1일에 학생 중 한 명을 선정하여 칭찬 스티커를 발급한다.
- 칭찬 스티커를 받은 학생은 다음 날 새로운 학생들에게 칭찬 스티커를 발급하는데, 발급하는 날의 '일(日)'이 소수인지 아닌지에 따라 다음과 같이 발급하는 스티커의 개수가 달라진다.

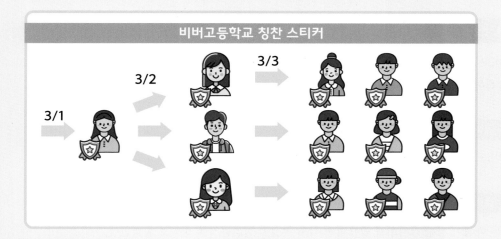

비버고등학교 칭찬 스티커

'일(日)'이 소수가 아닌 경우	전날 스티커를 발급받은 학생이 2명의 학생에게 스티커를 발급
'일(日)'이 소수인 경우	전날 스티커를 발급받은 학생이 3명의 학생에게 스티커를 발급

🎓 문제 ❶

비버고등학교의 학생이 1,000명이라고 할 때, 모든 학생이 칭찬 스티커를 받기 위해서는 최소 며칠이 걸리는지 출력하는 프로그램을 완성해 보자. 단, 3월 1일에 칭찬 스티커 제도는 새로 시작한다.

✓ 출력 설명

모든 학생이 칭찬 스티커를 받으려면 최소 며칠이 걸리는지 정수로 출력한다.

04 칭찬 스티커

🔆 문제 해결

비코(https://biko.kr) 또는 코드업(https://codeup.kr)에 접속하여 문제를 해결해 보자.

사이트	문제 번호	문제 이름	주소
비코	1680	칭찬 스티커 0	https://www.biko.kr/problem/1680
코드업	2328	칭찬 스티커 0	https://codeup.kr/problem.php?id=2328

🎓 문제 1

비버고등학교의 학생이 n명이라고 할 때, 모든 학생이 칭찬 스티커를 받기 위해서는 최소 며칠이 걸리는지 출력하는 프로그램을 완성해 보자. 단, 3월 1일에 칭찬 스티커 제도는 새로 시작한다.

✅ 입력 설명

비버고등학교의 학생 수(n)가 정수로 입력된다($1 \leq n \leq 100000000000000000$).

✅ 출력 설명

모든 학생이 칭찬 스티커를 받으려면 최소 며칠이 걸리는지를 정수로 출력한다.

■ **입출력 예시**

입력 예시 1	출력 예시 1	입력 예시 2	출력 예시 2
5	3	99999999	22

🔆 문제 해결

비코(https://biko.kr) 또는 코드업(https://codeup.kr)에 접속하여 문제를 해결해 보자.

사이트	문제 번호	문제 이름	주소
비코	1681	칭찬 스티커 1	https://www.biko.kr/problem/1681
코드업	2329	칭찬 스티커 1	https://codeup.kr/problem.php?id=2329

✎ 문제 풀이 183쪽

05 한라산 등반

📖 문제 배경

오름 등반 동호회 회원인 동백, 철쭉, 유채는 주기적으로 한라산을 등반한다. 세 회원의 한라산 등반 주기는 다음과 같다.

- 동백: a일마다 한라산 등반
- 철쭉: b일마다 한라산 등반
- 유채: c일마다 한라산 등반

🎓 문제 ①

2022년 1월 1일 토요일에 처음으로 셋이 함께 한라산을 등반하고 이후 각자의 등반 주기에 맞춰 등반할 때, 동백, 철쭉, 유채가 함께 한라산을 오르는 다음 등반 날짜와 요일을 출력하는 프로그램을 완성해 보자.

✓ **출력 설명**

- 다음 등반 날짜와 요일을 띄어쓰기로 구분하여 출력한다.
- 날짜는 YYYY-MM-DD 형태로 출력한다. **예** 2022-01-01
- 요일은 영문 대문자 3개로 출력한다. **예** MON TUE WED THU FRI SAT SUN

💡 **문제 해결**

비코(https://biko.kr) 또는 코드업(https://codeup.kr)에 접속하여 문제를 해결해 보자.

사이트	문제 번호	문제 이름	주소
비코	1682	한라산 등반 0	https://www.biko.kr/problem/1682
코드업	2330	한라산 등반 0	https://codeup.kr/problem.php?id=2330

🎓 **문제 1**

2100년 1월 1일 금요일에 처음으로 셋이 함께 한라산을 등반하고 이후 각자의 등반 주기에 맞춰 등반할 때, 동백, 철쭉, 유채가 함께 한라산을 오르는 다음 등반 날짜와 요일을 출력하는 프로그램을 완성해 보자.

단, 2100년부터는 지구 환경이 변하여, 12월이 사라지고 1월부터 11월까지만 있다. 그러나 윤년 규칙은 변함없다.

✓ **입력 설명**

동백(a), 철쭉(b), 유채(c)의 등반 주기를 띄어쓰기로 구분하여 정수로 입력한다($1 \leq a \leq 100$, $1 \leq b \leq 100$, $1 \leq c \leq 100$).

✓ **출력 설명**

- 다음 등반 날짜와 요일을 띄어쓰기로 구분하여 출력한다.
- 날짜는 YYYY-MM-DD 형태로 출력한다. **예** 2022-01-01
- 요일은 영문 대문자 3개로 출력한다. **예** MON TUE WED THU FRI SAT SUN

■ 입출력 예시

입력 예시 1	출력 예시 1
2 2 4	2100-01-05 TUE
입력 예시 2	출력 예시 2
11 5 7	2101-02-21 FRI

문제 해결

비코(https://biko.kr) 또는 코드업(https://codeup.kr)에 접속하여 문제를 해결해 보자.

사이트	문제 번호	문제 이름	주소
비코	1683	한라산 등반 1	https://www.biko.kr/problem/1683
코드업	2331	한라산 등반 1	https://codeup.kr/problem.php?id=2331

문제 풀이 186쪽

06 DNA 전사

DNA는 4가지 염기, 즉 아데닌(A), 티민(T), 사이토신(C), 구아닌(G)으로 구성되고, RNA는 4가지 염기인 아데닌(A), 우라실(U), 사이토신(C), 구아닌(G)으로 구성된다.

DNA로부터 RNA가 만들어지는 과정에서 아데닌(A)은 우라실(U)로, 티민(T)은 아데닌(A)으로, 사이토신(C)은 구아닌(G)으로, 구아닌(G)은 사이토신(C)으로 대응되어 전사(transcription)된다.

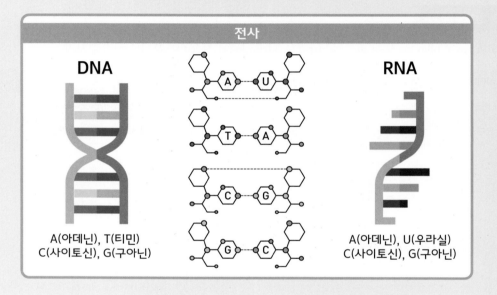

🎓 **문제 ❶**

DNA 염기 서열이 ATCGGCTA일 때, 전사된 RNA 염기 서열을 출력해 보자.

✓ **출력 설명**

전사된 RNA 염기 서열을 한 줄로 출력한다.

안녕,
경북

💡 문제 해결

비코(https://biko.kr) 또는 코드업(https://codeup.kr)에 접속하여 문제를 해결해 보자.

사이트	문제 번호	문제 이름	주소
비코	1651	DNA 전사 0	https://www.biko.kr/problem/1651
코드업	2343	DNA 전사 0	https://codeup.kr/problem.php?id=2343

🎓 문제 1

DNA 염기 서열이 입력될 때, 전사된 RNA 염기 서열을 출력해 보자.

✔ 입력 설명

첫 번째 줄에 어떤 DNA를 구성하는 염기의 개수(n)가 입력된다($1 \leq n \leq 100000$).
두 번째 줄에 그 DNA의 염기 서열이 한 줄로 입력된다.

✔ 출력 설명

전사된 RNA 염기 서열을 한 줄로 출력한다.

■ 입출력 예시

입력 예시 1	출력 예시 1
5 AAAAA	UUUUU

입력 예시 2	출력 예시 2
4 GGGG	CCCC

입력 예시 3	출력 예시 3
4 ACGT	UGCA

입력 예시 4	출력 예시 4
4 TACG	AUGC

문제 해결

비코(https://biko.kr) 또는 코드업(https://codeup.kr)에 접속하여 문제를 해결해 보자.

사이트	문제 번호	문제 이름	주소
비코	1652	DNA 전사 1	https://www.biko.kr/problem/1652
코드업	2344	DNA 전사 1	https://codeup.kr/problem.php?id=2344

문제 풀이 190쪽

안녕,
경북

📖 문제 배경

00:00부터 움직이기 시작한 시계가 있다. 이 시계의 시침과 분침은 '초 단위'가 아닌 '분 단위'로 움직인다. 즉, 1분이 되기 전까지는 움직이지 않고, 정확히 1분이 되었을 때 시침은 0.5°, 분침은 6°만큼 한 번에 회전한다.

00:00에 시침과 분침의 사잇각은 0°이고, 08:40에 시침과 분침의 사잇각은 20°이다. 한편, 시침과 분침의 사잇각이 90°인 경우는 03:00와 09:00, 단 2번뿐이다.

시침과 분침

사잇각이 90°인
모든 시각

시침: 1분에 0.5° 회전
분침: 1분에 6° 회전

2개

03:00　　　　09:00

🎓 문제 ❶

00:00부터 11:59까지의 시각 중에서 시침과 분침의 사잇각이 22°인 시각의 개수와 해당 시각을 모두 출력해 보자.

✔️ 출력 설명

첫 번째 줄에 가능한 시각의 개수를 출력한다.

두 번째 줄에 가능한 시각을 hh:mm 형식으로 출력한다. 가능한 시각이 여러 개일 때는 빠른 시각부터 줄 바꿈하며 출력한다.

문제 해결

비코(https://biko.kr) 또는 코드업(https://codeup.kr)에 접속하여 문제를 해결해 보자.

사이트	문제 번호	문제 이름	주소
비코	1653	시침과 분침 0	https://www.biko.kr/problem/1653
코드업	2345	시침과 분침 0	https://codeup.kr/problem.php?id=2345

문제 1

00:00부터 11:59까지의 시각 중에서 시침과 분침의 사잇각이 특정한 각도(d)를 이루는 시각의 개수와 해당 시각을 모두 출력해 보자.

입력 설명

시침과 분침의 사잇각(d)이 정수로 입력된다(0 < d ≤ 180).

출력 설명

첫 번째 줄에 가능한 시각의 개수를 출력한다.

두 번째 줄에 가능한 시각을 hh:mm 형식으로 출력한다. 가능한 시각이 여러 개일 때는 빠른 시각부터 줄 바꿈하며 출력한다.

■ **입출력 예시**

입력 예시 1	출력 예시 1
90	2 03:00 09:00

입력 예시 2	출력 예시 2
9	2 03:18 08:42

입력 예시 3	출력 예시 3
179	2 01:38 10:22

문제 해결

비코(https://biko.kr) 또는 코드업(https://codeup.kr)에 접속하여 문제를 해결해 보자.

사이트	문제 번호	문제 이름	주소
비코	1654	시침과 분침 1	https://www.biko.kr/problem/1654
코드업	2346	시침과 분침 1	https://codeup.kr/problem.php?id=2346

문제 풀이 192쪽

08 영덕대게와 울진대게

📖 문제 배경

경북 울진군 후포면 후포리에서 동쪽으로 23km 떨어진 바다에 왕돌초라고 불리는 수중 암초가 있다. 왕돌초 근처에는 대나무처럼 곧은 다리를 가진 '대게'가 많이 서식하고 있는데, 영덕 어민이 잡아 강구항에서 판매하면 '영덕대게', 울진 어민이 잡아 후포항에서 판매하면 '울진대게'라고 부른다.

대게잡이 어민들은 그물을 던져 대게를 잡는데 어획량을 늘리기 위해 어군 탐지기를 사용한다. 어군 탐지기는 해수면에서 수직 방향으로 내려다본 바다 속 대게의 수를 격자로 구분하여 보여준다. 격자의 크기는 1*1이다.

🎓 문제 ①

어군 탐지기에 나타난 6*6 크기의 영상에서 바다 속 대게의 수는 오른쪽 표와 같다. 3*3 크기의 그물을 한 번 던져 최대 몇 마리의 대게를 잡을 수 있는지 출력해 보자.

6	7	3	2	0	5
3	10	3	0	5	7
2	1	13	2	1	5
6	11	0	4	8	4
0	7	7	0	1	15
6	1	6	0	2	5

✔ 출력 설명

그물을 한 번 던져 최대 몇 마리의 대게를 잡을 수 있는지 출력한다.

💡 문제 해결

비코(https://biko.kr) 또는 코드업(https://codeup.kr)에 접속하여 문제를 해결해 보자.

사이트	문제 번호	문제 이름	주소
비코	1655	영덕대게와 울진대게 0	https://www.biko.kr/problem/1655
코드업	2347	영덕대게와 울진대게 0	https://codeup.kr/problem.php?id=2347

🎓 문제 **1**

어군 탐지기에 나타난 n*n 크기의 영상에서 바다 속 대게의 수가 주어질 때, 2*2 크기의 그물을 한 번 던져 최대 몇 마리의 대게를 잡을 수 있는지 출력해 보자.

✅ 입력 설명

첫 번째 줄에는 어군 탐지기 영상의 한 변의 길이(n)가 입력된다(2≤n≤100).

두 번째 줄부터 바다 속 대게의 수가 빈칸과 줄 바꿈으로 구분되어 입력된다(0≤격자 하나당 대게의 수 ≤1000).

✅ 출력 설명

그물을 한 번 던져 최대 몇 마리의 대게를 잡을 수 있는지 출력한다.

■ **입출력 예시**

입력 예시	출력 예시
4 3 8 9 1 2 7 3 4 6 3 8 7 5 4 1 2	27

💡 문제 해결

비코(https://biko.kr) 또는 코드업(https://codeup.kr)에 접속하여 문제를 해결해 보자.

사이트	문제 번호	문제 이름	주소
비코	1656	영덕대게와 울진대게 1	https://www.biko.kr/problem/1656
코드업	2348	영덕대게와 울진대게 1	https://codeup.kr/problem.php?id=2348

문제 2

어군 탐지기에 나타난 n*n 크기의 영상에서 바다 속 대게의 수가 주어질 때, m*m 크기의 그물을 한 번 던져 최대 몇 마리의 대게를 잡을 수 있는지 출력해 보자.

입력 설명

첫 번째 줄에는 어군 탐지기 영상의 한 변의 길이(n)와 그물의 한 변의 길이(m)가 빈칸으로 구분되어 입력된다((2≤m≤n≤500).

두 번째 줄부터 바다 속 대게의 수가 빈칸과 줄 바꿈으로 구분되어 입력된다(0≤ 격자 하나당 대게의 수 ≤1000).

출력 설명

그물을 한 번 던져 최대 몇 마리의 대게를 잡을 수 있는지 출력한다.

■ **입출력 예시**

입력 예시	출력 예시
4 3 8 9 1 2 7 3 4 6 3 8 7 5 4 1 2	27

문제 해결

비코(https://biko.kr) 또는 코드업(https://codeup.kr)에 접속하여 문제를 해결해 보자.

사이트	문제 번호	문제 이름	주소
비코	1657	영덕대게와 울진대게 2	https://www.biko.kr/problem/1657
코드업	2349	영덕대게와 울진대게 2	https://codeup.kr/problem.php?id=2349

✎ 문제 풀이 196쪽

09 월영교 건너기

안녕,
경북

📖 문제 배경

안동민속촌 근처에는 안동시립민속박물관과 월영교가 있어 많은 관광객이 찾아온다. 월영교는 산책하기 좋은 관광 코스인데, 관광객이 너무 많아지면 안전을 위해 인원을 제한하기도 한다.

수학여행으로 월영교를 찾은 학생들이 학급 순서대로 가능한 한 빨리 다리를 건너가려고 한다. 학교에서는 학생 관리와 안전 지도를 위해 다리 위에서는 학급 단위로 이동하고, 다리를 건너는 인원을 관리하기로 했다.

먼저 다리 전체에 동시에 오를 수 있는 최대 인원을 정하였다. 그리고 다리를 여러 구간으로 나눈 후, 한 구간에는 한 반씩만 올라 함께 이동하기로 했다. 각 학급은 1분에 다리 한 구간씩 이동한다. 다음 학급이 다리에 올라갈 순서가 되더라도 다리 위의 학생 수가 최대 인원을 넘을 것 같으면 기다려야 한다.

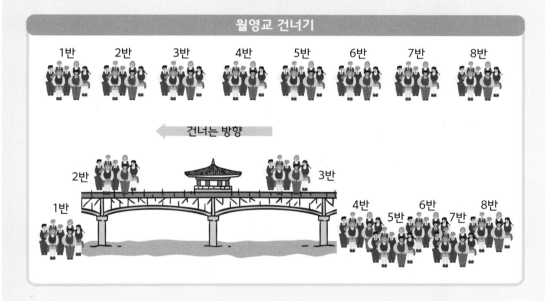

🎓 문제 0

다리에 오를 수 있는 최대 인원은 30명, 다리 구간의 수는 5개, 다리를 건너야 하는 학급 수는 8개이다. 각 학급별 인원수는 차례대로 15, 14, 10, 6, 7, 13, 10, 16일 때, 모든 학급이 다리 건너편으로 이동할 때까지 필요한 최소 시간(분)을 출력해 보자.

✅ 출력 설명

모든 학급이 다리 건너편으로 이동할 때까지 필요한 최소 시간(분)을 정수로 출력한다.

💡 문제 해결

비코(https://biko.kr) 또는 코드업(https://codeup.kr)에 접속하여 문제를 해결해 보자.

사이트	문제 번호	문제 이름	주소
비코	1658	월영교 건너기 0	https://www.biko.kr/problem/1658
코드업	2350	월영교 건너기 0	https://codeup.kr/problem.php?id=2350

🎓 문제 **1**

다리에 오를 수 있는 최대 인원(w), 다리 구간의 수(b), 다리를 건너야 하는 학급 수(n), 각 학급별 인원(k_i)이 입력을 통해 주어진다. 모든 학급이 다리 건너편으로 이동할 때까지 필요한 최소 시간(분)을 출력해 보자.

✅ 입력 설명

첫 번째 줄에 최대 인원(w)과 다리 구간의 수(b)가 빈칸을 사이에 두고 한 줄로 입력된다($1 \le w \le 100$, $1 \le b \le 100$).

두 번째 줄에 다리를 건너야 하는 학급의 개수(n)가 입력된다($1 \le n \le 100$).

세 번째 줄에 순서대로 건너야 하는 각 학급별 인원(k_i)이 빈칸을 사이에 두고 한 줄로 입력된다($1 \le k_i \le w$).

✅ 출력 설명

모든 학급이 다리 건너편으로 이동할 때까지 필요한 최소 시간(분)을 정수로 출력한다.

■ **입출력 예시**

입력 예시 1	출력 예시 1
10 2 4 7 4 5 6	8

입력 예시 2	출력 예시 2
100 100 1 10	101

문제 해결

비코(https://biko.kr) 또는 코드업(https://codeup.kr)에 접속하여 문제를 해결해 보자.

사이트	문제 번호	문제 이름	주소
비코	1659	월영교 건너기 1	https://www.biko.kr/problem/1659
코드업	2351	월영교 건너기 1	https://codeup.kr/problem.php?id=2351

◁ 문제 풀이 203쪽

울릉도 전기 자동차

📖 문제 배경

탄소 Zero 친환경 섬 실현을 위해 울릉도에 지속적으로 전기 자동차가 보급되고 있다. 전기 자동차가 오르막길을 올라갈 때에는 배터리에 저장된 전기를 사용하지만, 내리막길을 내려갈 때에는 브레이크를 밟는 대신 회생제동(regenerative braking)이라는 방법으로 배터리를 충전한다. 회생제동

은 발전기를 가동해 자동차의 속도를 늦추면서 전기를 발전하는 방법이다.

어떤 지점에서 출발한 특수한 전기 자동차가 여러 지점을 거쳐 목표 지점으로 이동하는데, 이전 지점에서 다음 지점까지 고도가 1씩 올라갈 때마다 2만큼씩의 전기를 소모하고, 이전 지점에서 다음 지점까지 고도가 연속으로 2씩 내려갈 때마다 1만큼씩의 전기가 충전된다.

🎓 문제 ⓪

전기 자동차를 타고 순서대로 이동해야 하는 지점이 10개이고, 각 지점의 고도는 10, 6, 10, 6, 8, 15, 10, 13, 12, 20일 때, 시작 지점에서 목표 지점까지 가기 위해 출발 전 필요한 최소 배터리량을 출력해 보자.

✓ 출력 설명

시작 지점에서 목표 지점까지 가기 위해 출발 전 필요한 최소 배터리량을 출력한다.

💡 문제 해결

비코(https://biko.kr) 또는 코드업(https://codeup.kr)에 접속하여 문제를 해결해 보자.

사이트	문제 번호	문제 이름	주소
비코	1660	울릉도 전기 자동차 0	https://www.biko.kr/problem/1660
코드업	2352	울릉도 전기 자동차 0	https://codeup.kr/problem.php?id=2352

안녕,
경북

🎓 문제 1

전기 자동차를 타고 순서대로 이동해야 하는 지점들의 개수(n)와 각 지점들의 고도(k_i)가 주어질 때, 시작 지점에서 목표 지점까지 가기 위해 출발 전 필요한 최소 배터리량을 출력해 보자.

✔ 입력 설명

첫 번째 줄에 이동해야 하는 지점들의 개수(n)가 입력된다($1 \leq n \leq 100000$).
두 번째 줄에 각 지점들의 고도(k_i)가 빈 칸으로 구분되어 한 줄로 입력된다($1 \leq k_i \leq 100000$).

✔ 출력 설명

시작 지점에서 목표 지점까지 가기 위해 출발 전 필요한 최소 배터리량을 출력한다.

■ 입출력 예시

입력 예시 1	출력 예시 1
4 10 12 4 5	4

입력 예시 2	출력 예시 2
5 6 10 2 4 3	8

입력 예시 3	출력 예시 3
5 10 6 10 6 8	8

💡 문제 해결

비코(https://biko.kr) 또는 코드업(https://codeup.kr)에 접속하여 문제를 해결해 보자.

사이트	문제 번호	문제 이름	주소
비코	1661	울릉도 전기 자동차 1	https://www.biko.kr/problem/1661
코드업	2353	울릉도 전기 자동차 1	https://codeup.kr/problem.php?id=2353

✎ 문제 풀이 208쪽

11 당일치기 전주 여행

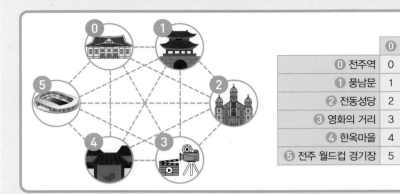

📖 문제 배경

　아침에 기차를 타고 전주역으로 이동한 후 전주 시내에 있는 5개의 관광지들을 돌아보고, 기차를 타고 집으로 돌아오는 당일치기 전주 여행을 계획하고 있다. 전주역에서 시작하여 모든 관광지를 모두 한 번씩 방문해야 한다. 전주역과 5개의 관광지 간의 이동 시간(분)은 다음과 같다.

		⓪	①	②	③	④	⑤
⓪	전주역	0	1	2	3	4	5
①	풍남문	1	0	1	2	3	4
②	전동성당	2	1	0	1	2	3
③	영화의 거리	3	2	1	0	1	2
④	한옥마을	4	3	2	1	0	1
⑤	전주 월드컵 경기장	5	4	3	2	1	0

🎓 문제 ⓪

　기차를 타고 전주역에 도착한 시각은 09:00시이고 전주역에서 집으로 출발하는 기차 시각은 18:00시일 때, 이동 시간을 제외하고 전주에서 보낼 수 있는 최대 시간을 계산해 보자.

✔ 출력 설명

　이동 시간을 제외하고 전주에서 보낼 수 있는 최대 시간(hh:mm)을 출력한다.

💡 문제 해결

　비코(https://biko.kr) 또는 코드업(https://codeup.kr)에 접속하여 문제를 해결해 보자.

사이트	문제 번호	문제 이름	주소
비코	1628	당일치기 전주 여행 0	https://www.biko.kr/problem/1628
코드업	2372	당일치기 전주 여행 0	https://codeup.kr/problem.php?id=2372

문제 1

아침에 기차를 타고 전주역으로 이동한 후 전주 시내에 있는 5개의 관광지들을 돌아보고, 다시 기차를 타고 집으로 돌아오는 당일치기 전주 여행을 계획하고 있다. 전주역에서 시작하여 모든 관광지를 모두 한 번씩 방문해야 한다.

예를 들어, 전주역과 5개의 관광지 간의 이동 시간(분)을 〈문제 배경〉과 같이 나타낼 수 있다.

✔ 입력 설명

기차를 타고 전주역에 도착한 시각(hh:mm)과 전주역에서 집으로 출발하는 기차 시각(hh:mm)이 주어질 때 이동 시간을 제외하고 전주에서 보낼 수 있는 최대 시간을 계산해 보자.

✔ 출력 설명

첫 번째 줄에 전주역에 도착하는 기차 시각이 hh:mm 형식으로 입력된다(00≤hh≤23, 00≤mm≤59).

두 번째 줄에 전주역에서 집으로 출발하는 기차 시각이 hh:mm 형식으로 입력된다.

세 번째 줄에 전주역에서 각 관광지까지 이동하는 시간이 스페이스를 사이에 두고 한 줄로 입력된다(이동하는 시간은 20분 이하).

네 번째 줄에 ❶번 관광지에서 전주역과 다른 관광지까지 이동하는 각각의 시간이 스페이스를 사이에 두고 한 줄로 입력된다.

다섯 번째 줄에 ❷번 관광지에서 전주역과 다른 관광지까지 이동하는 각각의 시간이 스페이스를 사이에 두고 한 줄로 입력된다.

여섯 번째 줄에 ❸번 관광지에서 전주역과 다른 관광지까지 이동하는 각각의 시간이 스페이스를 사이에 두고 한 줄로 입력된다.

일곱 번째 줄에 ❹번 관광지에서 전주역과 다른 관광지까지 이동하는 각각의 시간이 스페이스를 사이에 두고 한 줄로 입력된다.

여덟 번째 줄에 ❺번 관광지에서 전주역과 다른 관광지까지 이동하는 각각의 시간이 스페이스를 사이에 두고 한 줄로 입력된다.

■ 입출력 예시

입력 예시 1	출력 예시 1
09:00 11:00 0 1 3 2 4 5 1 0 3 1 4 3 3 3 0 3 2 1 2 1 3 0 5 1 4 4 2 5 0 3 5 3 1 1 3 0	01:50
입력 예시 2	**출력 예시 2**
6:47 11:40 0 6 16 3 19 10 6 0 3 14 16 13 16 3 0 13 8 8 3 14 13 0 7 20 19 16 8 7 0 16 10 13 8 20 16 0	04:10

문제 해결

비코(https://biko.kr) 또는 코드업(https://codeup.kr)에 접속하여 문제를 해결해 보자.

사이트	문제 번호	문제 이름	주소
비코	1629	당일치기 전주 여행 1	https://www.biko.kr/problem/1629
코드업	2373	당일치기 전주 여행 1	https://codeup.kr/problem.php?id=2373

✎ 문제 풀이 211쪽

군산 스탬프 투어

안녕, 전북

📖 문제 배경

비버고등학교 학생들이 전북특별자치도 군산시로 2박 3일의 수학여행을 갔다. 학생들은 선생님의 안내에 따라 군산 스탬프 투어에 참여해야 한다.

선생님은 스탬프 투어 시간 동안 군산의 관광지 중에서 학생이 원하는 관광지를 관람하고 스탬프를 받아오는 학생들에게 특별한 기념품을 주기로 하였다. 어떤 관광지에서 스탬프를 받기 위해서는 일정 시간 동안 관람해야 한다.

🎓 문제 ❶

전체 관광지 수는 5개이고, 선생님이 정해준 관광지 수는 3개, 학생들의 수는 10명, 스탬프 투어 시간은 100분이다. 각 관광지의 관람 시간은 1번 관광지 30분, 2번 관광지 25분, 3번 관광지 20분, 4번 관광지 30분, 5번 관광지 35분이다. 10명의 학생의 관광지 관람 순서가 다음과 같이 주어질 때, 기념품을 받는 학생의 수를 구해보자.

학생 번호	관광지 관람 순서	학생 번호	관광지 관람 순서
1	3번 → 5번 → 2번	6	5번 → 2번 → 1번
2	2번 → 3번 → 5번	7	3번 → 2번 → 1번
3	5번 → 2번 → 3번	8	4번 → 1번 → 3번
4	5번 → 2번 → 1번	9	3번 → 4번 → 5번
5	2번 → 5번 → 1번	10	1번 → 2번 → 4번

✅ **출력 설명**

기념품을 받는 학생들의 인원수를 출력한다.

💡 **문제 해결**

비코(https://biko.kr) 또는 코드업(https://codeup.kr)에 접속하여 문제를 해결해 보자.

사이트	문제 번호	문제 이름	주소
비코	1630	군산 스탬프 투어 0	https://www.biko.kr/problem/1630
코드업	2374	군산 스탬프 투어 0	https://codeup.kr/problem.php?id=2374

🎓 **문제 1**

전체 관광지 수(n)와 선생님이 정해준 관광지 수(m), 학생들의 수(k)와 스탬프 투어 시간(t), 전체 관광지 중 i번 관광지의 관람 시간(a_i), 각 학생들의 관광지 관람 순서($b_1 \sim b_m$)가 주어질 때, 기념품을 받는 학생의 수를 구해보자.

✅ **입력 설명**

첫 번째 줄에 전체 관광지 수(n), 선생님이 정해준 관광지 수(m), 학생들의 수(k)와 스탬프 투어 시간(t)이 스페이스로 구분되어 입력된다($1 \leq m \leq n \leq 10$, $10 \leq t \leq 200$, $10 \leq k \leq 100$).

두 번째 줄에 1번 관광지부터 n번 관광지의 관람 시간(a_i)이 스페이스로 구분되어 입력된다($1 \leq a_i \leq 30$).

세 번째 줄부터 k명의 학생들의 관광지 관람 순서($b_1 \sim b_m$)가 스페이스로 구분되어 입력된다($1 \leq b_j \leq n$).

✅ **출력 설명**

기념품을 받는 학생들의 인원수를 출력한다.

■ 입출력 예시

입력 예시 1	출력 예시 1
4 2 5 50 20 20 15 10 1 2 2 3 3 2 4 2 1 4	4
입력 예시 2	출력 예시 2
10 5 10 100 12 18 5 11 30 5 19 19 23 15 9 10 6 2 8 1 5 3 10 6 4 7 3 6 8 1 2 4 5 3 4 2 8 6 1 2 4 10 5 7 6 3 1 10 8 1 3 4 10 6 6 7 9 5 10 8 5 4 3 6	6

문제 해결

비코(https://biko.kr) 또는 코드업(https://codeup.kr)에 접속하여 문제를 해결해 보자.

사이트	문제 번호	문제 이름	주소
비코	1631	군산 스탬프 투어 1	https://www.biko.kr/problem/1631
코드업	2375	군산 스탬프 투어 1	https://codeup.kr/problem.php?id=2375

문제 2

전체 관광지 수(n)와 선생님이 정해준 관광지 수(m), 스탬프 투어 시간(t), 전체 관광지 중 i번 관광지의 관람 시간(a_i)이 주어질 때, 기념품을 받기 위해서 방문해야 하는 관광지의 관람 순서는 모두 몇 가지인지 구해보자.

입력 설명

첫 번째 줄에 전체 관광지 수(n), 선생님이 정해준 관광지 수(m), 스탬프 투어 시간(t)이 스페이스로 구분되어 입력된다($1 \le m \le n \le 8$, $10 \le t \le 200$).

두 번째 줄에 1번 관광지부터 n번 관광지의 관람 시간(a_i)이 스페이스로 구분되어 입력된다($1 \le a_i \le 30$).

출력 설명

기념품을 받기 위해서 방문해야 하는 관광지의 관람 순서는 모두 몇 가지인지를 출력한다.

■ **입출력 예시**

입력 예시 1	출력 예시 1
4 2 100 20 60 50 40	6

입력 예시 2	출력 예시 2
8 5 100 12 18 5 11 30 5 19 19	2520

문제 해결

비코(https://biko.kr) 또는 코드업(https://codeup.kr)에 접속하여 문제를 해결해 보자.

사이트	문제 번호	문제 이름	주소
비코	1632	군산 스탬프 투어 2	https://www.biko.kr/problem/1632
코드업	2376	군산 스탬프 투어 2	https://codeup.kr/problem.php?id=2376

✎ 문제 풀이 215쪽

임실 치즈

안녕,
전북

전북특별자치도 임실군은 우리나라 최초로 치즈 공장이 설립되어 치즈 생산을 처음 시작한 곳이며, 치즈 만들기 등을 체험할 수 있는 임실치즈테마파크로도 유명하다.

테마파크에서 일하는 비버는 다음의 규칙에 따라 치즈를 생산한다.

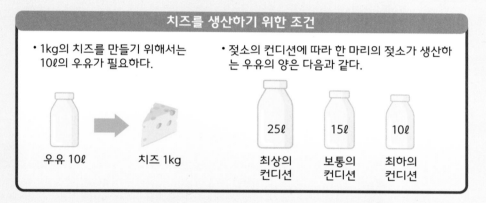

치즈를 생산하기 위한 조건

- 1kg의 치즈를 만들기 위해서는 10ℓ의 우유가 필요하다.

  우유 10ℓ → 치즈 1kg

- 젖소의 컨디션에 따라 한 마리의 젖소가 생산하는 우유의 양은 다음과 같다.

  25ℓ 최상의 컨디션 / 15ℓ 보통의 컨디션 / 10ℓ 최하의 컨디션

🎓 문제 ⓪

우유를 남기지 않으면서 정확히 2,024kg의 치즈를 생산하기 위해서 필요한 젖소는 최소 몇 마리인지 구해보자. 각 컨디션의 젖소의 수는 무한히 많다고 가정한다.

✅ 출력 설명

정확히 n kg의 치즈를 생산하기 위해서 필요한 젖소의 최소 마릿수를 출력한다.

💡 문제 해결

비코(https://biko.kr) 또는 코드업(https://codeup.kr)에 접속하여 문제를 해결해 보자.

사이트	문제 번호	문제 이름	주소
비코	1633	임실 치즈 0	https://www.biko.kr/problem/1633
코드업	2377	임실 치즈 0	https://codeup.kr/problem.php?id=2377

문제 1

우유를 남기지 않으면서 정확히 n kg의 치즈를 생산하기 위해서 필요한 젖소는 최소 몇 마리인지 구해보자. 각 컨디션의 젖소의 수는 무한히 많다고 가정한다.

입력 설명

생산할 치즈의 무게(n)가 입력된다(1 ≤ n ≤ 10000000 : 자연수).

출력 설명

정확히 n kg의 치즈를 생산하기 위해서 필요한 젖소의 최소 마릿수를 출력한다.

■ 입출력 예시

입력 예시 1	출력 예시 1
9	4
입력 예시 2	출력 예시 2
3	2

문제 해결

비코(https://biko.kr) 또는 코드업(https://codeup.kr)에 접속하여 문제를 해결해 보자.

사이트	문제 번호	문제 이름	주소
비코	1634	임실 치즈 1	https://www.biko.kr/problem/1634
코드업	2378	임실 치즈 1	https://codeup.kr/problem.php?id=2378

문제 2

우유를 남기지 않으면서 정확히 n kg의 치즈를 생산하기 위해서 필요한 젖소는 최소 몇 마리인지 구해보자. 각 컨디션의 젖소의 수는 무한히 많다고 가정한다.

입력 설명

생산할 치즈의 무게(n)가 입력된다(1 ≤ n ≤ 10000000000000000 : 자연수).

출력 설명

정확히 n kg의 치즈를 생산하기 위해서 필요한 젖소의 최소 마릿수를 출력한다.

■ **입출력 예시**

입력 예시 1	출력 예시 1
9	4
입력 예시 2	**출력 예시 2**
3	2

문제 해결

비코(https://biko.kr) 또는 코드업(https://codeup.kr)에 접속하여 문제를 해결해 보자.

사이트	문제 번호	문제 이름	주소
비코	1635	임실 치즈 2	https://www.biko.kr/problem/1635
코드업	2379	임실 치즈 2	https://codeup.kr/problem.php?id=2379

✎ 문제 풀이 222쪽

14 롱케이크

📖 문제 배경

비버중학교의 오늘 급식 메뉴는 롱케이크이다. 학생들은 한 줄로 서서 자기 차례가 되면 학생들의 수만큼으로 자를 수 있는 케이크 1조각을 가져간다.

학생들은 롱케이크에 올려진 과일 토핑을 보고 원하는 케이크 조각을 선택할 수 있다. 그 케이크 조각이 다른 부분과 연결되어 있는 경우에는 빵칼을 사용해서 잘라내야 한다. 그 조각의 위치 또는 좌우 상태에 따라 빵칼의 사용 횟수가 달라진다.

예를 들어, 6명의 학생 중 처음 3명의 학생이 차례대로 5번, 1번, 6번 위치의 케이크를 가져간다고 할 때 빵칼을 사용하는 횟수는 다음과 같다.

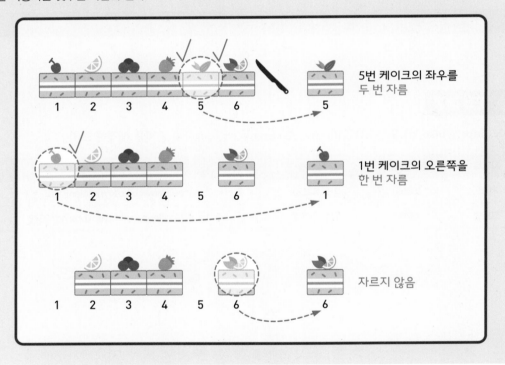

🎓 문제 ❶

10명의 학생이 차례대로 줄 서 있고, 학생이 가져간 케이크의 번호가 차례대로 7, 4, 1, 10, 2, 3, 5, 6, 8, 9일 때, 빵칼을 한 번 사용하는 참가자의 수와 빵칼을 두 번 사용하는 참가자의 수를 구해보자.

✅ **출력 설명**

빵칼을 한 번 사용하는 참가자의 수와 빵칼을 두 번 사용하는 참가자의 수를 스페이스를 사이에 두고 한 줄로 출력한다.

💡 **문제 해결**

비코(https://biko.kr) 또는 코드업(https://codeup.kr)에 접속하여 문제를 해결해 보자.

사이트	문제 번호	문제 이름	주소
비코	1636	롱케이크 0	https://www.biko.kr/problem/1636
코드업	2380	롱케이크 0	https://codeup.kr/problem.php?id=2380

🎓 **문제 1**

차례대로 줄 서 있는 학생의 수(n)가 주어질 때, 빵칼을 한 번 사용하는 참가자의 수와 빵칼을 두 번 사용하는 참가자의 수를 구해보자.

✅ **입력 설명**

첫 번째 줄에 학생 수(n)가 입력된다(5 ≤ n ≤ 10000).
두 번째 줄에 n명의 학생들이 원하는 케이크 조각의 번호가 스페이스를 사이에 두고 한 줄로 입력된다.

✅ **출력 설명**

빵칼을 한 번 사용하는 참가자의 수와 빵칼을 두 번 사용하는 참가자의 수를 스페이스를 사이에 두고 한 줄로 출력한다.

■ **입출력 예시**

입력 예시 1	출력 예시 1
6 2 5 1 6 4 3	1 2

입력 예시 2	출력 예시 2
10 1 2 3 4 5 6 7 8 9 10	9 0

🔎 문제 해결

비코(https://biko.kr) 또는 코드업(https://codeup.kr)에 접속하여 문제를 해결해 보자.

사이트	문제 번호	문제 이름	주소
비코	1637	롱케이크 1	https://www.biko.kr/problem/1637
코드업	2381	롱케이크 1	https://codeup.kr/problem.php?id=2381

✎ 문제 풀이 227쪽

흑백 이미지 생성

안녕,
전북

문제 배경

흑백 사진관을 운영하는 비버는 특별한 기계를 이용하여 재미있는 이미지를 만들려고 한다. 이 이미지는 최대 1,000×1,000 크기의 픽셀로 구성되며, 각 픽셀은 1(흑) 또는 0(백)을 뜻한다. 모든 픽셀의 초깃값은 0이다.

이 특별한 기계는 비버가 지정한 직사각형 영역에 따라 픽셀 값을 반전(0 → 1, 1 → 0)시킬 수 있다. 다음은 이 기계가 흑백 이미지에 3회의 반전을 적용하는 과정이다.

0	0	0	0
0	0	0	0
0	0	0	0
0	0	0	0

(1, 1)과 (3, 3) 선택

반전 →

1	1	1	0
1	1	1	0
1	1	1	0
0	0	0	0

(2, 2)와 (3, 4) 선택

반전 →

1	1	1	0
1	0	0	1
1	0	0	1
0	0	0	0

(2, 1)과 (4, 2) 선택

반전 →

1	1	1	0
0	1	0	1
0	1	0	1
1	1	0	0

생성된 이미지

문제 1

이미지 데이터의 높이는 6, 너비는 11, 반전 횟수는 15번으로 사각형 영역의 위치 '(x1, y1), (x2, y2)'는 다음과 같다. 생성된 흑백 이미지의 픽셀 값을 출력해 보자.

횟수	(x1, y1), (x2, y2)	횟수	(x1, y1), (x2, y2)	횟수	(x1, y1), (x2, y2)
1	(1, 2)와 (6, 4)	6	(1, 2)와 (6, 4)	11	(1, 5)와 (1, 5)
2	(6, 8)과 (6, 9)	7	(1, 5)와 (1, 5)	12	(2, 8)과 (5, 11)
3	(2, 1)과 (5, 3)	8	(6, 8)과 (6, 9)	13	(3, 7)과 (4, 10)
4	(3, 7)과 (4, 10)	9	(1, 7)과 (6, 10)	14	(1, 5)와 (1, 5)
5	(2, 1)과 (4, 1)	10	(1, 2)와 (6, 4)	15	(3, 8)과 (3, 11)

출력 설명

생성된 흑백 이미지의 픽셀 값을 스페이스를 사이에 두고 한 줄씩 출력한다.

문제 해결

비코(https://biko.kr) 또는 코드업(https://codeup.kr)에 접속하여 문제를 해결해 보자.

사이트	문제 번호	문제 이름	주소
비코	1638	흑백 이미지 생성 0	https://www.biko.kr/problem/1638
코드업	2382	흑백 이미지 생성 0	https://codeup.kr/problem.php?id=2382

문제 1

이미지 데이터의 높이(h)와 너비(w), 반전 횟수(n)와 사각형 영역의 위치(x1, y1, x2, y2)가 주어질 때 생성된 흑백 이미지의 픽셀 값을 출력해 보자.

입력 설명

첫 번째 줄에 이미지 데이터의 높이(h)와 너비(w)가 스페이스를 사이에 두고 입력된다($1 \leq x1 \leq x2 \leq h \leq 1000$, $1 \leq y1 \leq y2 \leq w \leq 1000$).

두 번째 줄에 반전 횟수(n)가 입력된다($1 \leq n \leq 10000$).

세 번째 줄부터 n+2번째 줄까지 반전시킬 사각형 영역의 왼쪽 위의 꼭짓점 좌표(x1, y1)와 오른쪽 아래의 꼭짓점 좌표(x2, y2)가 스페이스를 사이에 두고 한 줄씩 입력된다.

출력 설명

생성된 흑백 이미지의 픽셀 값을 스페이스를 사이에 두고 한 줄씩 출력한다.

■ 입출력 예시

입력 예시 1	출력 예시 1
4 4 3 1 1 3 3 2 2 3 4 2 1 4 2	1 1 1 0 0 1 0 1 0 1 0 1 1 1 0 0

입력 예시 2	출력 예시 2
3 5 2 1 1 2 3 2 3 3 5	1 1 1 0 0 1 1 0 1 1 0 0 1 1 1

문제 해결

비코(https://biko.kr) 또는 코드업(https://codeup.kr)에 접속하여 문제를 해결해 보자.

사이트	문제 번호	문제 이름	주소
비코	1639	흑백 이미지 생성 1	https://www.biko.kr/problem/1639
코드업	2383	흑백 이미지 생성 1	https://codeup.kr/problem.php?id=2383

문제 풀이 231쪽

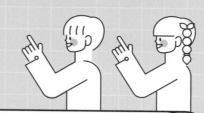

풀이

SFPC

문제 0

1 문제 분석

• 부모의 혈액형 인자에 따라서 자식에게 가능한 혈액형을 모두 구해야 한다.
• 아버지의 혈액형 인자는 AB이다.
• 어머니의 혈액형 인자는 OO이다.

2 문제 해결 방법

아버지로부터는 'A'와 'B' 두 가지 중 한 가지 인자를 받을 수 있고, 어머니로부터는 'O' 인자만 받을 수 있다. 따라서, 자녀의 혈액형으로 가능한 경우는 A형과 B형 2가지뿐이다.

> • 경우 1: 아버지와 어머니로부터 각각 'A'와 'O'를 받으면 'AO'로 A형이 된다.
> • 경우 2: 아버지와 어머니로부터 각각 'B'와 'O'를 받으면 'BO'로 B형이 된다.

3 문제 해결 예시 코드

행	Python 코드	C/C++ 코드
01	`print("A B")`	`#include <stdio.h>`
02		`int main()`
03		`{`
04		`  printf("A B\n");`
05		`}`

문제 1

1 문제 분석

• 부모의 혈액형 인자에 따라서 자식에게 가능한 혈액형을 모두 구해야 한다.
• 아버지의 혈액형 인자와 어머니의 혈액형 인자가 입력된다.

2 문제 해결 방법

아버지로부터 받을 수 있는 인자 6가지, 어머니로부터 받을 수 있는 6가지를 조합해 만들 수 있는 경우의 수는 총 36가지이다.

아버지로부터 받을 수 있는 인자와 어머니로부터 받을 수 있는 인자로 자식에게 가능한 혈액형 인자와 혈액형을 모두 나열하면 다음과 같다.

아버지	어머니	가능한 혈액형 인자	가능한 혈액형	아버지	어머니	가능한 혈액형 인자	가능한 혈액형
AO	AO	AA, AO, OA, OO	A, O	BB	AO	BA, BO, BA, BO	AB, B
AO	AA	AA, AA, OA, OA	A	BB	AA	BA, BA, BA, BA	AB
AO	BO	AB, AO, OB, OO	A, AB, B, O	BB	BO	BB, BO, BB, BO	B
AO	BB	AB, AB, OB, OB	AB, B	BB	BB	BB, BB, BB, BB	B
AO	AB	AA, AB, OA, OB	A, AB, B	BB	AB	BA, BB, BA, BB	AB, B
AO	OO	AO, AO, OO, OO	A, O	BB	OO	BO, BO, BO, BO	B
AA	AO	AA, AO, AA, AO	A	AB	AO	AA, AO, BA, BO	A, AB, B
AA	AA	AA, AA, AA, AA	A	AB	AA	AA, AA, BA, BA	A, AB
AA	BO	AB, AO, AB, AO	A, AB	AB	BO	AB, AO, BB, BO	A, AB, B
AA	BB	AB, AB, AB, AB	AB	AB	BB	AB, AB, BB, BB	AB, B
AA	AB	AA, AB, AA, AB	A, AB	AB	AB	AA, AB, BA, BB	A, AB, B
AA	OO	AO, AO, AO, AO	A	AB	OO	AO, AO, BO, BO	A, B
BO	AO	BA, BO, OA, OO	A, AB, B, O	OO	AO	OA, OO, OA, OO	A, O
BO	AA	BA, BA, OA, OA	A, AB	OO	AA	OA, OA, OA, OA	A
BO	BO	BB, BO, OB, OO	B, O	OO	BO	OB, OO, OB, OO	B, O
BO	BB	BB, BB, OB, OB	B	OO	BB	OB, OB, OB, OB	B
BO	AB	BA, BB, OA, OB	A, AB, B	OO	AB	OA, OB, OA, OB	A, B
BO	OO	BO, BO, OO, OO	B, O	OO	OO	OO, OO, OO, OO	O

③ 문제 해결 예시 코드

■ 변수 설계

변수명	의미	비고
F	아버지의 혈액형 인자	
M	어머니의 혈액형 인자	
A	부모의 유전자 조합	
C	가능한 자녀의 혈액형 C[0]: A형일 가능성, C[1]: AB형일 가능성 C[2]: B형일 가능성, C[3]: O형일 가능성	초깃값 0
k	유전자 조합을 순서대로 넣기 위해 사용하는 변수	초깃값 0
i, j	반복 변수	

■ 코드

행	Python 코드
01	`A = [[0]*2 for _ in range(4)]`
02	`C = [0]*4`
03	`F, M = input().split()`
04	`k = 0`
05	`for i in range(2):`
06	`  for j in range(2):`
07	`    A[k][0] = F[i]`
08	`    A[k][1] = M[j]`
09	`    k += 1`
10	`for i in range(4):`
11	`  if ((A[i][0]=='O' and A[i][1]=='A') or`
12	`     (A[i][0]=='A' and A[i][1]=='O') or`
13	`     (A[i][0]=='A' and A[i][1]=='A')):`
14	`    C[0] = 1  # A`
15	`  if ((A[i][0]=='A' and A[i][1]=='B') or`
16	`     (A[i][0]=='B' and A[i][1]=='A')):`
17	`    C[1] = 1  # AB`
18	`  if ((A[i][0]=='O' and A[i][1]=='B') or`
19	`     (A[i][0]=='B' and A[i][1]=='O') or`
20	`     (A[i][0]=='B' and A[i][1]=='B')):`
21	`    C[2] = 1  # B`
22	`  if A[i][0] == 'O' and A[i][1] == 'O':`
23	`    C[3] = 1  # O`
24	`if C[0] == 1:`
25	`  print("A", end=' ')`
26	`if C[1] == 1:`
27	`  print("AB", end=' ')`
28	`if C[2] == 1:`
29	`  print("B", end=' ')`
30	`if C[3] == 1:`
31	`  print("O")`

행	C/C++ 코드
01	`#include<stdio.h>`
02	`char F[3], M[3];`
03	`int A[4][3], C[4];`
04	`int main()`
05	`{`

```
06    int i, j, k = 0;
07    scanf("%s %s", F, M);
08    for(i = 0; i < 2; i++)
09      for(j = 0; j < 2; j++)
10      {
11        A[k][0] = F[i];
12        A[k][1] = M[j];
13        k++;
14      }
15    for(i = 0; i < 4; i++)
16    {
17      if((A[i][0]=='O' && A[i][1]=='A') ||
18         (A[i][0]=='A' && A[i][1]=='O') ||
19         (A[i][0]=='A' && A[i][1]=='A'))
20        C[0] = 1;
21      if((A[i][0]=='A' && A[i][1]=='B') ||
22         (A[i][0]=='B' && A[i][1]=='A'))
23        C[1] = 1;
24      if((A[i][0]=='O' && A[i][1]=='B') ||
25         (A[i][0]=='B' && A[i][1]=='O') ||
26         (A[i][0]=='B' && A[i][1]=='B'))
27        C[2] = 1;
28      if(A[i][0]=='O' && A[i][1]=='O')
29        C[3] = 1;
30    }
31    if(C[0]==1)
32      printf("A ");
33    if(C[1]==1)
34      printf("AB ");
35    if(C[2]==1)
36      printf("B ");
37    if(C[3]==1)
38      printf("O");
39  }
```

코드 해석

- 부모의 혈액형 인자를 각각 F[ ]와 M[ ]에 저장한다.
- A[ ] 배열(리스트)에 부모의 혈액형 인자로부터 가능한 4가지 경우를 저장한다.
- C[ ] 배열(리스트)에는 자녀가 가질 수 있는 혈액형을 저장하는데, C[0]~C[3]번까지 순서대로 A, AB, B, O 혈액형을 나타낸다.

문제 0

1 문제 분석

• 보말 100마리로 바꿀 수 있는 다금바리의 마릿수를 구해야 한다.
• 보말 12마리는 한치 5마리, 한치 5마리는 전복 3마리, 전복 5마리는 다금바리 2마리로 교환할 수 있다.

2 문제 해결 방법

• 보말 12마리를 한치 5마리로 교환할 수 있기 때문에 보말 100마리로 한치 40마리를 얻을 수 있다. 100을 12로 나눈 정수 몫이 8이고, 8에 5를 곱하면 40이 되기 때문이다.
• 한치 8마리를 전복 3마리로 교환할 수 있기 때문에 한치 40마리로 전복 15마리를 얻을 수 있다. 40을 8로 나눈 정수 몫이 5이고, 5에 3을 곱하면 15가 되기 때문이다.
• 전복 5마리를 다금바리 2마리로 교환할 수 있기 때문에 전복 15마리로 다금바리 6마리를 얻을 수 있다. 15를 5로 나눈 정수 몫이 3이고, 3에 2를 곱하면 6이 되기 때문이다.

3 문제 해결 예시 코드

행	Python 코드	C/C++ 코드
01	`print("6")`	`#include <stdio.h>`
02		`int main()`
03		`{`
04		`  printf("6");`
05		`}`

문제 1

1 문제 분석

• 보말 n마리로 바꿀 수 있는 다금바리의 마릿수를 구해야 한다.
• 보말 12마리는 한치 a마리, 한치 5마리는 전복 b마리, 전복 5마리는 다금바리 c마리로 교환할 수 있다.

2 문제 해결 방법

• 보말 12마리를 한치 a마리로 교환할 수 있으므로, n을 12로 나눈 몫에 a를 곱해 n마리의 보말로 교환할 수 있는 한치의 수 A를 계산한다.
• 한치 8마리를 전복 b마리로 교환할 수 있으므로, A를 8로 나눈 정수 몫에 b를 곱해 A마리의 한치로 교환

할 수 있는 전복의 수 B를 계산한다.

- 전복 5마리를 다금바리 c마리로 교환할 수 있으므로, B를 5로 나눈 정수 몫에 c를 곱해 B마리의 전복으로 교환할 수 있는 다금바리의 수 C를 계산한 후 출력한다.

❸ 문제 해결 예시 코드

■ 변수 설계

변수명	의미	비고
n	보말의 마릿수	1,000,000,000 이하의 자연수
a	보말 12마리로 교환할 수 있는 한치의 마릿수	100 이하의 자연수
b	한치 8마리로 교환할 수 있는 전복의 마릿수	100 이하의 자연수
c	전복 5마리로 교환할 수 있는 다금바리의 마릿수	100 이하의 자연수

■ 코드

행	Python 코드	C/C++ 코드
01	`n = int(input())`	`#include <stdio.h>`
02	`a, b, c = map(int, input().split())`	`int main()`
03	`A = (n // 12) * a`	`{`
04	`B = (A // 8) * b`	`  long long int a, b, c, n, A, B, C;`
05	`C = (B // 5) * c`	`  scanf("%lld", &n);`
06	`print(C)`	`  scanf("%lld %lld %lld", &a, &b, &c);`
07		`  A = (n / 12) * a;`
08		`  B = (A / 8) * b;`
09		`  C = (B / 5) * c;`
10		`  printf("%lld\n", C);`
11		`}`

코드 해석

- 3단계로 나누어 각 단계에서 다른 해산물로 교환되는 마릿수를 계산한다. 각 교환 단계에서 정수 나눗셈을 사용하여 가능한 최대 교환 수를 계산하고 마지막에는 교환 가능한 다금바리의 수를 출력한다.
- 첫 번째 단계에서는 보말 12마리를 한치 한 마리로 교환할 수 있는 비율(a)을 사용하여 주어진 보말로부터 교환할 수 있는 한치의 총 수(A)를 계산한다.
- 두 번째 단계는 한치를 전복으로 교환하는 비율(b)을 통해 한치로부터 전복으로 교환할 수 있는 수(B)를 계산한다.
- 마지막 단계에서 전복을 다금바리로 교환하는 비율(c)을 적용해 전복으로부터 얻을 수 있는 다금바리의 수(C)를 계산한다.

 문제 **0**

1 문제 분석

• 20개의 수를 나열한 수열이 있다.

> 4 2 3 1 10 3 1 3 4 5 9 7 4 1 3 8 2 5 1 9

• 3번째 수부터 7번째 수까지의 합을 구한 후, 합이 같은 연속 부분 수열의 개수를 구해야 한다.

2 문제 해결 방법

• 3번째 수부터 7번째 수까지의 합은 18(3+1+10+3+1)이다.
• 어떤 수를 처음으로 시작하는 연속 부분 수열의 개수를 첫 번째 수부터 세어보면, 첫 번째 수로 시작할 수 있는 연속 부분 수열이 20개, 두 번째 수로 시작할 수 있는 연속 부분 수열이 19개, 세 번째 수로 시작할 수 있는 연속 부분 수열이 18개…이므로, 20개의 수로 만들 수 있는 가능한 연속 부분 수열의 개수는 $(20 \times (20+1)) \div 2 = 210$개이다.
• 따라서, i번째 수를 처음 수로 시작해서 연속된 수들을 순서대로 누적하며 합을 구하면서 18이면 경우의 수를 1 증가시키고, 18을 초과하면 더 이상 계산하지 않는 방법으로 답을 구할 수 있다.
• 각 수를 처음 수로 연속된 수를 합해 18이 되는 연속 부분 수열을 다음과 같이 알아낼 수 있다.

	1	2	3	4	5	6	7	8	9	10	11	12	13	14	15	16	17	18	19	20
1	4	2	3	1	10	3	1	3	4	5	9	7	4	1	3	8	2	5	1	9
2		2	3	1	10	3	1	3	4	5	9	7	4	1	3	8	2	5	1	9
3			3	1	10	3	1	3	4	5	9	7	4	1	3	8	2	5	1	9
4				1	10	3	1	3	4	5	9	7	4	1	3	8	2	5	1	9
5					10	3	1	3	4	5	9	7	4	1	3	8	2	5	1	9
6						3	1	3	4	5	9	7	4	1	3	8	2	5	1	9
7							1	3	4	5	9	7	4	1	3	8	2	5	1	9
8								3	4	5	9	7	4	1	3	8	2	5	1	9
9									4	5	9	7	4	1	3	8	2	5	1	9
10										5	9	7	4	1	3	8	2	5	1	9
11											9	7	4	1	3	8	2	5	1	9
12												7	4	1	3	8	2	5	1	9
13													4	1	3	8	2	5	1	9
14														1	3	8	2	5	1	9
15															3	8	2	5	1	9
16																8	2	5	1	9
17																	2	5	1	9
18																		5	1	9
19																			1	9
20																				9

(☐ 합−18 미만, ▨ 합−18, ☐ 합−18 초과)

• 연속된 수를 합해 18이 되는 연속 부분 수열은 5개이다.

3 문제 해결 예시 코드

행	Python 코드	C/C++ 코드
01	`print("5")`	`#include <stdio.h>`
02		`int main()`
03		`{`
04		`  printf("5");`
05		`}`

 문제 **1**

1 문제 분석

- n개의 수를 나열한 수열에서 a번째 수부터 b번째 수까지의 합을 계산한 후, 그것과 합이 같은 연속 부분 수열의 개수를 구해야 한다.
- 수열에 있는 수는 1부터 10 사이의 수이다.
- 만들 수 있는 연속 부분 수열의 개수는 $(n \times (n+1)) \div 2$개이다. 따라서, 100개의 수가 있다면 총 $(100 \times (100+1)) \div 2 = 5,050$개의 연속 부분 수열을 만들 수 있다.
- 부분 수열의 원소의 개수가 최대 100개이므로 첫 번째 시작 수와 마지막 끝 수를 선택하고, 그 사이에 있는 수들을 모두 합하는 3중 반복으로 계산하면 최대로 505,000번 정도 계산하면 된다.

2 문제 해결 방법

- 연속 부분 수열의 시작과 끝을 선택하고, 그 사이에 있는 수들의 합이 a번째 수부터 b번째 수까지의 합과 같은 경우를 세면 된다.
- 예를 들어 [5 3 1 2 4]인 수열이 있을 때, 2번째 수부터 3번째 수까지의 합과 같은 연속 부분 수열의 개수를 다음과 같이 구할 수 있다.

시작 \ 끝	1	2	3	4	5
1	5	5+3=8	5+3+1=9	5+3+1+2=11	5+3+1+2+4=15
2	−	3	3+1=4	3+1+2=6	3+1+2+4=10
3	−	−	1	1+2=3	1+2+4=7
4	−	−	−	2	2+4=6
5	−	−	−	−	4

- 연속 부분 수열의 합이 4인 경우는, 2번째 수부터 3번째 수까지 합한 경우와 5번째 수부터 5번째 수까지의 합으로 총 2가지이다.

3 문제 해결 예시 코드

변수 설계

변수명	의미	비고
n	수열의 길이	100 이하의 자연수
A[]	수열의 수 저장	10 이하의 자연수
a	시작 위치	$1 \leq a \leq n$
b	끝 위치	$a \leq b \leq n$
c	부분 수열의 시작 위치	
d	부분 수열의 끝 위치	
t	a번째 수부터 b번째 수까지의 합	초깃값 0
cnt	주어진 구간의 합과 일치하는 모든 연속 부분 수열의 개수	초깃값 0
s	각 부분 수열의 합 저장	
i	반복 변수	

코드

행	Python 코드	C/C++ 코드
01	`t = 0`	`#include <stdio.h>`
02	`cnt = 0`	`int A[110];`
03	`n = int(input())`	`int main()`
04	`A = [0]+list(map(int, input().split()))`	`{`
05	`a, b = map(int, input().split())`	`  int n, a, b, c, d, t = 0, cnt = 0, s, i;`
06		`  scanf("%d", &n);`
07	`for i in range(a, b + 1):`	`  for(i = 1; i <= n; i++)`
08	`  t = t + A[i]`	`    scanf("%d", &A[i]);`
09		`  scanf("%d %d", &a, &b);`
10	`for c in range(1, n + 1):`	
11	`  for d in range(c, n + 1):`	`  for(i = a; i <= b; i++)`
12	`    s = 0`	`    t = t + A[i];`
13	`    for i in range(c, d + 1):`	
14	`      s = s + A[i]`	`  for(c = 1; c <= n; c++)`
15	`    if s == t:`	`  {`

16	`        cnt = cnt + 1`
17	
18	`print(cnt)`
19	
20	
21	
22	
23	
24	
25	
26	

```
    for(d = c; d <= n; d++)
    {
      s = 0;
      for(i = c; i <= d; i++)
        s = s + A[i];
      if(s == t)
        cnt = cnt + 1;
    }
  }
  printf("%d\n", cnt);
}
```

> **코드 해석**
>
> - 주어진 구간의 연속 부분 수열의 합을 구한 뒤, 가능한 연속 부분 수열들 중에서 그 합과 동일한 경우를 모두 찾는다.
> - 수열의 길이 n을 입력받고, 수들을 입력받아 배열(리스트) A에 저장한다.
> - a번째 수부터 b번째 수까지의 합을 cnt에 저장하고, A의 모든 가능한 연속 부분 수열을 찾아 그 수열의 합이 cnt와 같을 때마다 ans 값을 1만큼씩 증가시킨다.
> - 계산된 ans를 출력한다.

 문제 2

① 문제 분석

- n개의 수를 나열한 수열에서 a번째 수부터 b번째 수까지의 합을 계산한 후, 그것과 합이 같은 연속 부분 수열의 개수를 구해야 한다.
- 수열에 있는 수는 −100,000부터 100,000 사이의 수이다.
- 만들 수 있는 연속 부분 수열의 개수는 $(n \times (n+1)) \div 2$개이다. 따라서 3,000개의 수가 있다면 총 $(3000 \times (3000+1)) \div 2 = 4,501,500$개의 연속 부분 수열을 만들 수 있다.
- 부분 수열의 원소의 개수가 최대 3,000개이므로 첫 번째 시작 수를 선택하고, 마지막 끝 수를 선택한 후 그 사이에 있는 수들을 모두 합하는 3중 반복으로 계산하면 최대로 13,504,500,000번 정도 계산하면 되지만, 이렇게 하면 주어진 시간 이내에 모두 계산할 수 없다.

② 문제 해결 방법

연속 부분 수열의 시작과 끝을 선택하고 그 사이에 있는 수들의 합이 a번째 수부터 b번째 수까지의 합과 같은 경우를 세면 된다. 하지만, 주어진 시간 내에 문제를 해결하기 위해서는 3중 반복 대신 2중 반복으로 계산을 줄여야 한다. 이럴 때는 누적합을 미리 계산해서 사용하는 알고리즘을 사용할 수 있다.

 더 알아보기

누적합의 원리

누적합은 수열에서 연속된 어떤 구간의 합을 빠르게 계산하는 데 사용할 수 있다.

수열의 각 첫 번째 위치부터 어떤 위치까지 연속된 구간합을 계산해 저장한 새로운 배열(리스트)을 미리 만들어 두면, 어떤 구간의 합은 미리 계산해 둔 누적합의 차이를 계산함으로써 매우 빠르게 계산할 수 있다.

예를 들어, [3, 1, 4, 1, 5, 9, 2]인 수열이 있을 때, 누적합 배열(리스트)을 다음과 같이 만들 수 있다.

- 누적합 배열(리스트)의 첫 번째 값은 첫 번째 값이다. → 3
- 누적합 배열(리스트)의 두 번째 값은 첫 번째 값과 두 번째 값의 합이다. → 3, 4
- 누적합 배열(리스트)의 세 번째 값은 첫 번째 값부터 세 번째 값까지의 합이다. → 3, 4, 8
- 같은 방법으로 계속 만들어 가면 전체의 누적합을 구할 수 있다. → 3, 4, 8, 9, 14, 23, 25

위치	1	2	3	4	5	6	7
값	3	1	4	1	5	9	2
누적합	3	4	8	9	14	23	25

누적합이 만들어져 있을 때, 세 번째 값부터 다섯 번째 값까지의 연속합은 '누적합[5]−누적합[2]'로 계산할 수 있다.

위치	1	2	3	4	5	6	7
값	3	1	4	1	5	9	2
누적합	3	4	8	9	14	23	25

누적합[5]−누적합[2]=14−4=10이고 3번째 값+4번째 값+5번째 값=4+1+5는 10이다.

이와 같이 누적합이 만들어져 있는 경우에는 원하는 구간의 연속합을 한 번의 계산으로 알아낼 수 있다.

③ 문제 해결 예시 코드

■ 변수 설계

변수명	의미	비고
n	수열의 길이	100 이하의 자연수
e	수열의 수 저장	−100,000≤e≤100,000

변수명	의미	비고
A[]	누적합 저장	
a	시작 위치	1≤a≤n
b	끝 위치	a≤b≤n
c	부분 수열의 시작 위치	
d	부분 수열의 끝 위치	
t	a번째 수부터 b번째 수까지의 합	
cnt	주어진 구간의 합과 일치하는 모든 연속 부분 수열의 개수	초깃값 0
s	각 부분 수열의 합 저장	
i	반복 변수	

■ 코드

행	Python 코드
01	`t = 0`
02	`cnt = 0`
03	`n = int(input())`
04	`A = [0]+list(map(int, input().split()))`
05	`a, b = map(int, input().split())`
06	
07	`for i in range(a, b + 1):`
08	`  t = t + A[i]`
09	
10	`for c in range(1, n + 1):`
11	`  for d in range(c, n + 1):`
12	`    s = 0`
13	`    for i in range(c, d + 1):`
14	`      s = s + A[i]`
15	`    if s == t:`
16	`      cnt = cnt + 1`
17	
18	`print(cnt)`

행	C/C++ 코드
01	`#include <stdio.h>`
02	`int A[3010];`
03	`int main()`
04	`{`
05	`  int n, a, b, c, d, t = 0, cnt = 0, s, i, e;`
06	`  scanf("%d", &n);`
07	`  for(i = 1; i <= n; i++)`
08	`  {`
09	`    scanf("%d", &e);`
10	`    A[i] = A[i - 1] + e;`
11	`  }`
12	`  scanf("%d %d", &a, &b);`
13	
14	`  t = A[b] - A[a - 1];`
15	
16	`  for(c = 1; c <= n; c++)`
17	`  {`
18	`    for(d = c; d <= n; d++)`
19	`    {`
20	`      s = A[d] - A[c - 1];`
21	`      if(s == t)`
22	`        cnt = cnt + 1;`
23	`    }`
24	`  }`
25	`  printf("%d\n", cnt);`
26	`}`

코드 해석

- 주어진 구간의 연속 부분 수열의 합을 구한 뒤, 가능한 연속 부분 수열들 중에서 그 합과 동일한 경우를 모두 찾는다.
- 수열의 길이 n을 입력받고, 수들을 입력받으면서 배열(리스트) A에 누적합을 계산해 저장한다.
- a번째 수부터 b번째 수까지의 합을 누적합을 이용해 계산(A[b]−A[a−1])해서 cnt에 저장하고, A의 모든 가능한 연속 부분(c번째부터 d번째까지) 수열에 대한 연속합을 누적합을 이용해서 빠르게 계산(A[c]−A[d−1])한 후, 그 값이 cnt와 같을 때마다 ans 값을 1만큼씩 증가시킨다.
- 계산된 ans를 출력한다.

문제 0

1 문제 분석

- 학생들은 1년에 1개의 스티커를 받을 수 있다.
- 3월 1일에 처음으로 한 명에게 칭찬 스티커를 발급한다.
- 스티커를 발급하는 날짜에 따라서 그날 스티커를 받는 학생의 수가 달라진다.
- 스티커를 발급하는 날짜가 소수가 아닌 경우, 전날 스티커를 받은 학생들은 2명의 학생에게 새로운 스티커를 발급한다.
- 스티커를 발급하는 날짜가 소수인 경우, 전날 스티커를 받은 학생들은 3명의 학생에게 새로운 스티커를 발급한다.
- 1,000명 이상의 학생들이 칭찬 스티커를 받을 때까지 필요한 최소일 수를 구해야 한다.

2 문제 해결 방법

칭찬 스티커를 받는 학생의 수를 날짜별로 누적하는 표를 만들어 계산할 수 있다.

3월 날짜	1	2	3	4	5	6	7	8	9
소수 여부		소수	소수		소수		소수		
칭찬 스티커를 받는 학생의 수	1	3	9	18	54	108	324	648	1296
칭찬 스티커를 받은 학생의 총 인원수	1	4	13	31	85	193	517	1165	2461

8일이 되면 총 1,165명이 칭찬 스티커를 받게 된다는 것을 알 수 있다.

3 문제 해결 예시 코드

행	Python 코드	C/C++ 코드
01 02 03 04 05	```python print("8") ```	```c #include <stdio.h> int main() { 　printf("8"); } ```

문제 1

1 문제 분석

- 학생들은 1년에 1개의 스티커를 받을 수 있다.
- 3월 1일에 처음으로 한 명에게 칭찬 스티커를 발급한다.
- 스티커를 발급하는 날짜에 따라서 그날 스티커를 받는 학생의 수가 달라진다.
- 스티커를 발급하는 날짜가 소수가 아닌 경우, 전날 스티커를 받은 학생들은 2명의 학생에게 새로운 스티커를 발급한다.
- 스티커를 발급하는 날짜가 소수인 경우, 전날 스티커를 받은 학생들은 3명의 학생에게 새로운 스티커를 발급한다.
- n명 이상의 학생들이 칭찬 스티커를 받을 때까지 필요한 최소일 수를 구해야 한다.

2 문제 해결 방법

- 날짜의 소수 여부에 따라 칭찬 스티커를 받는 학생 수를 계산하고 누적하면서 칭찬 스티커를 받는 학생들의 수를 계산해서 최소일 수를 구할 수 있다.
- 2^{60}(1,152,921,504,606,846,976)은 10^{17}보다 크다. 따라서, 필요한 스티커의 수는 1,152,921,504,606,846,976개보다 작기 때문에 60일 후에는 모든 학생이 스티커를 받을 수 있다.
- 3월은 31일, 4월은 30일까지 있다.

3 문제 해결 예시 코드

■ 변수 설계

변수명	의미	비고
n	학생 수	10^{17} 이하의 자연수
m	모든 학생이 칭찬 스티커를 받기 위해 필요한 최소일 수	초깃값 1
d	날짜	초깃값 1
s	칭찬 스티커를 받은 학생의 총 수	초깃값 1
t	어떤 날 칭찬 스티커를 받는 학생의 수	초깃값 1

■ 코드

행	Python 코드	C/C++ 코드
01	`def f(c):`	`#include <stdio.h>`
02	`  if c == 1:`	`int f(int c)`
03	`    return False`	`{`

```python
04        for i in range(2, c):
05          if c % i == 0:
06            return False
07        return True
08
09    n = int(input())
10    m = 1
11    t = 1
12    s = 1
13    d = 1
14
15    while s < n:
16      m += 1
17      d += 1
18      if d == 32:
19        d = 1
20      if f(d):
21        t *= 3
22      else:
23        t *= 2
24      s += t
25
26    print(m)
```

```c
  int i;
  if(c == 1)
    return 0;
  for(i = 2; i < c; i++)
    if(c % i == 0)
      return 0;
  return 1;
}

int main()
{
  long long int n, m = 1, t = 1, s = 1;
  int d = 1;
  scanf("%lld", &n);
  while(s < n)
  {
    m = m + 1;
    d = d + 1;
    if(d == 32)
      d = 1;
    if(f(d) == 1)
      t = t * 3;
    else
      t = t * 2;
    s = s + t;
  }
  printf("%lld\n", m);
}
```

- 학생 수(n)를 입력받아 날짜(d)에 따라 늘어나는 칭찬 스티커의 개수(s)를 계산하고 누적(t)하면서 최소일 수(min)를 계산한다.
- 어떤 날짜가 소수인지 판별하고 그 결과에 따라 그날에 늘어나는 칭찬 스티커의 개수를 계산한다. 소수 날짜이면 그 전날 스티커를 받은 학생 수에 3을 곱하고, 합성수 날짜이면 그 전날 스티커를 받은 학생 수에 2를 곱한다.
- 칭찬 스티커의 개수를 계속 누적하여 합하고 그 개수가 학생 수와 같거나 더 많아지면 그때까지 지난 일수를 출력한다.

문제 0

1 문제 분석

- 동백, 철쭉, 유채가 일정한 주기로 한라산을 오른다.
- 2022년 1월 1일 토요일에 처음으로 셋이 함께 한라산을 오른다.
- 동백이는 3일마다, 철쭉이는 5일마다, 유채는 7일마다 한라산을 오른다.
- 동백, 철쭉, 유채가 함께 오르는 다음 날짜와 요일을 계산한다.

2 문제 해결 방법

- 2022년 1월 1일 토요일에 처음으로 셋이 함께 한라산을 올랐으며, 다음에 셋이 함께 오르는 날짜와 요일을 계산하기 위해서는 세 명의 등반 주기의 최소공배수를 구하면 된다.
- 3, 5, 7의 최소공배수는 105이다.
- 2022년 1월 1일 토요일부터 105일 뒤의 날짜와 요일을 알아내면 된다.
- 1/2/3/4월의 일수를 고려하면, 1월 1일부터 105일 후는 4월 16일이다.
- 105일 이후의 요일은 7일씩 나누어떨어지는 값을 확인하는 방법(105%7=0)으로 1월 1일과 같은 토요일이라는 것을 알아낼 수 있다.

3 문제 해결 예시 코드

행	Python 코드	C/C++ 코드
01	`print("2022-04-16 SAT")`	`#include <stdio.h>`
02		`int main()`
03		`{`
04		`  printf("2022-04-16 SAT\n");`
05		`}`

문제 1

1 문제 분석

- 동백, 철쭉, 유채가 일정한 주기로 한라산을 오른다.
- 2100년 1월 1일 금요일에 처음으로 셋이 함께 한라산을 오른다.
- 동백이는 a일마다, 철쭉이는 b일마다, 유채는 c일마다 한라산을 오른다.
- 2100년부터는 1월부터 11월까지만 있지만, 각 달의 일수와 윤년 규칙은 같다.

- 윤년에는 2월이 29일까지 있다.
- 동백, 철쭉, 유채가 함께 오르는 다음 날짜와 요일을 계산한다.

② 문제 해결 방법

- 2100년 1월 1일 금요일에 처음으로 셋이 함께 한라산을 올랐으며, 다음에 셋이 함께 오르는 날짜와 요일을 계산하기 위해서는 세 명의 등반 주기의 최소공배수를 구하면 된다.
- a, b, c의 최소공배수를 구한다.
- 2100년 1월 1일 금요일부터 a, b, c의 최소공배수만큼 뒤의 날짜를 알아내면 된다.
- 요일은 날짜를 7로 나눈 나머지 값을 확인하는 방법으로 알아낼 수 있다. 시작 요일은 금요일이므로 7로 나눈 나머지 값이 0이면 금요일이 된다.
- a, b, c의 최소공배수가 1,000,000 이하이기 때문에 반복문을 사용해서도 충분히 계산할 수 있다.
- 윤년: 다음과 같은 연도는 윤년이다.

❶ 4로 나누어떨어지는 연도들 중에서 100으로 나누어떨어지지 않는 연도
❷ 4로 나누어떨어지는 연도들 중에서 400으로 나누어떨어지는 연도

③ 문제 해결 예시 코드

■ 변수 설계

변수명	의미	비고
a	동백의 주기	100 이하의 자연수
b	철쭉의 주기	100 이하의 자연수
c	유채의 주기	100 이하의 자연수
y	년	초깃값 2,100
m	월	초깃값 1
d	일	초깃값 2
w	요일	초깃값 5
t	경과일 수	초깃값 1

■ 코드

행	Python 코드
01	`week=["MON","TUE","WED","THU","FRI","SAT","SUN"]`
02	`month=[0,31,28,31,30,31,30,31,31,30,31,30,31]`
03	`y=2100`
04	`m=1`
05	`d=2`
06	`w=5`
07	`t=1`
08	`a,b,c=map(int,input().split())`
09	`while not(t%a==0 and t%b==0 and t%c==0):`
10	`  if (y%4==0 and y%100!=0) or y%400==0:`
11	`    month[2]=29`
12	`  else:`
13	`    month[2]=28`
14	`  d+=1`
15	`  if d>month[m]:`
16	`    m+=1`
17	`    d=1`
18	`  if m>11:`
19	`    m=1`
20	`    y+=1`
21	`  w=(w+1)%7`
22	`  t+=1`
23	`print(f"{y:04d}-{m:02d}-{d:02d} {week[w]}")`

행	C/C++ 코드
01	`#include<stdio.h>`
02	`char week[7][4]={"MON","TUE","WED","THU","FRI","SAT","SUN"};`
03	`int month[13]={0,31,28,31,30,31,30,31,31,30,31,30,31};`
04	`int main()`
05	`{`
06	`  int a,b,c;`
07	`  int y=2100,m=1,d=2,w=5,t=1;`
08	`  scanf("%d %d %d",&a,&b,&c);`
09	`  while(!(t%a==0&&t%b==0&&t%c==0))`
10	`  {`
11	`    if((y%4==0&&y%100!=0)||y%400==0)`
12	`      month[2]=29;`
13	`    else`

```
14        month[2]=28;
15      d++;
16      if(d>month[m])
17      {
18        m++;
19        d=1;
20      }
21      if(m>11)
22      {
23        m=1;
24        y++;
25      }
26      w=(w+1)%7;
27      t++;
28    }
29    printf("%04d-%02d-%02d %s\n",y,m,d,week[w]);
30  }
```

코드 해석

- 요일명을 week 배열(리스트)에 저장하고, 각 월별 일수는 month 배열(리스트)에 저장한다.
- 연, 월, 일, 요일을 저장하기 위해서 각각 y, m, d, w를 사용한다. y는 2,100, m은 1, d는 2, w는 5(금요일)로 저장하고 시작한다. t는 시작일부터 경과된 날 수를 저장한다.
- 3명의 등산 주기를 a, b, c로 입력받는다.
- 윤년인 경우에는 2월의 일수를 29일로 바꾸어 계산하고, 11월 다음에 1월로 넘어가도록 처리한다.
- 경과된 날 t가 a, b, c로 모두 나누어떨어지는 날이 되면, 그때까지 계산된 연, 월, 일, 요일을 출력한다.

문제 0

1 문제 분석

- DNA는 4가지 염기 아데닌(A), 티민(T), 사이토신(C), 구아닌(G)으로 구성된다.
- RNA는 4가지 염기 아데닌(A), 우라실(U), 사이토신(C), 구아닌(G)으로 구성된다.
- DNA로부터 RNA가 만들어지는 과정에서 아데닌(A)은 우라실(U)로, 티민(T)은 아데닌(A)으로, 사이토신(C)은 구아닌(G)으로, 구아닌(G)은 사이토신(C)으로 대응되어 전사(transcription)된다.
- DNA 염기 서열 ATCGGCTA가 전사된 RNA 염기 서열을 출력한다.

2 문제 해결 방법

아데닌(A)은 우라실(U)로, 티민(T)은 아데닌(A)으로, 사이토신(C)은 구아닌(G)으로, 구아닌(G)은 사이토신(C)으로 바꾸어 출력하면 된다.

DNA 염기 서열 ATCGGCTA는 RNA 염기 서열 UAGCCGAU로 전사된다.

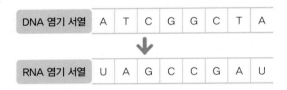

3 문제 해결 예시 코드

행	Python 코드	C/C++ 코드
01	`print("UAGCCGAU")`	`#include <stdio.h>`
02		`int main()`
03		`{`
04		`    printf("UAGCCGAU\n");`
05		`}`

문제 1

1 문제 분석

- DNA는 4가지 염기 아데닌(A), 티민(T), 사이토신(C), 구아닌(G)으로 구성된다.
- RNA는 4가지 염기 아데닌(A), 우라실(U), 사이토신(C), 구아닌(G)으로 구성된다.
- DNA로부터 RNA가 만들어지는 과정에서 아데닌(A)은 우라실(U)로, 티민(T)은 아데닌(A)으로, 사이토신(C)은 구아닌(G)으로, 구아닌(G)은 사이토신(C)으로 대응되어 전사(transcription)된다.
- DNA 염기 서열을 입력받아, RNA 염기 서열을 출력한다.

❷ 문제 해결 방법

아데닌(A)은 우라실(U)로, 티민(T)은 아데닌(A)으로, 사이토신(C)은 구아닌(G)으로, 구아닌(G)은 사이토신(C)으로 바꾸어 출력하면 된다.

❸ 문제 해결 예시 코드

▌변수 설계

변수명	의미	비고	변수명	의미	비고
n	DNA 염기 서열의 길이	100 이하의 자연수	dna	DNA 염기 서열	초깃값 1

▌코드

행	Python 코드	C/C++ 코드
01	`n = int(input())`	`#include <stdio.h>`
02	`dna = input()`	`char dna[100100];`
03	`for i in range(n):`	`int main()`
04	`  if dna[i] == 'A':`	`{`
05	`    print('U', end="")`	`  int n, i;`
06	`  elif dna[i] == 'T':`	`  scanf("%d", &n);`
07	`    print('A', end="")`	`  scanf("%s", dna);`
08	`  elif dna[i] == 'C':`	`  for(i = 0; i < n; i++)`
09	`    print('G', end="")`	`  {`
10	`  elif dna[i] == 'G':`	`    if(dna[i] == 'A')`
11	`    print('C', end="")`	`      printf("U");`
12		`    if(dna[i] == 'T')`
13		`      printf("A");`
14		`    if(dna[i] == 'C')`
15		`      printf("G");`
16		`    if(dna[i] == 'G')`
17		`      printf("C");`
18		`  }`
19		`}`

코드 해석

- DNA 염기 서열의 길이를 n에 저장하고, 염기 서열은 dns 배열(리스트)에 저장한다.
- dns 배열(리스트)의 처음부터 끝까지 검사하면서 A이면 U, T이면 A, C이면 G, G이면 C를 순서대로 반복하며 출력한다.

문제 ①

1 문제 분석

- 시계가 00:00부터 움직인다.
- 시침과 분침은 분 단위로 움직인다. 1분이 지나면 시침은 0.5°씩, 분침은 6°씩 한 번에 이동한다.
- 시침은 1시간에 30°만큼 움직이게 된다.
- 시침과 분침의 사잇각이 22°가 되는 시각의 개수와 각각의 시간을 빠른 시각부터 모두 출력한다.

2 문제 해결 방법

- 분침과 시침의 각도 차이가 정확히 22°가 되는 시간과 분을 모두 찾아내야 한다.
- 어떤 시간 h:m일 때, 시침의 회전 각도는 h*30+m*0.5이고, 분침의 회전 각도는 m*6°이다.
- 시침과 분침의 사잇각이 22°가 되기 위해서는 '분침회전각도−시침회전각도=22°', '시침회전각도−분침회전각도=22°'이거나, 분침이 시침의 반대 방향으로 180°보다 더 넓게 돌아서 '시침회전각도−(분침회전각도−360도)=22°', 시침이 분침의 반대 방향으로 180°보다 더 넓게 돌아서 '(분침회전각도−360도)−시침회전각도=22°'인 4가지 경우뿐이다.
- '분침회전각도−시침회전각도'가 22°인 경우에는 m*6−(h*30+m*0.5)=22 식을 만족해야 한다. 각각의 시간에 가능한 분을 다음과 같은 방법으로 알아낼 수 있다.

h	식	m	가능
0	m*6−(0*30+m*0.5)=22	4	O
1	m*6−(1*30+m*0.5)=22	9.45⋯	
2	m*6−(2*30+m*0.5)=22	14.90⋯	
3	m*6−(3*30+m*0.5)=22	20.36⋯	
4	m*6−(4*30+m*0.5)=22	25.81⋯	
5	m*6−(5*30+m*0.5)=22	31.27⋯	
6	m*6−(6*30+m*0.5)=22	36.72⋯	
7	m*6−(7*30+m*0.5)=22	42.18⋯	
8	m*6−(8*30+m*0.5)=22	47.63⋯	
9	m*6−(9*30+m*0.5)=22	53.09⋯	
10	m*6−(10*30+m*0.5)=22	58.54⋯	
11	m*6−(11*30+m*0.5)=22	64	

- '시침회전각도−분침회전각도'가 22°인 경우에는 (h*30+m*0.5)−m*6=22 식을 만족해야 한다. 각각의 시간에 가능한 분을 다음과 같은 방법으로 알아낼 수 있다.

h	식	m	가능
0	(0*30+m*0.5)−m*6=22	−4	
1	(1*30+m*0.5)−m*6=22	1.45…	
2	(2*30+m*0.5)−m*6=22	6.90…	
3	(3*30+m*0.5)−m*6=22	12.36…	
4	(4*30+m*0.5)−m*6=22	17.81…	
5	(5*30+m*0.5)−m*6=22	23.27…	
6	(6*30+m*0.5)−m*6=22	28.72…	
7	(7*30+m*0.5)−m*6=22	34.18…	
8	(8*30+m*0.5)−m*6=22	39.63…	
9	(9*30+m*0.5)−m*6=22	45.09…	
10	(10*30+m*0.5)−m*6=22	50.54…	
11	(11*30+m*0.5)−m*6=22	56	O

- 분침이 시침의 반대 방향으로 180°보다 더 넘게 돌아서 '시침회전각도−(분침회전각도−360도)=22°'인 경우에는 (h*30+m*0.5)−(m*6−360)=22 식을 만족해야 하는데 정수로 떨어지면서 가능한 시간이 없다.
- 시침이 분침의 반대 방향으로 180°보다 더 넘게 돌아서 '(분침회전각도−360도)−시침회전각도=22°'인 경우에는 (m*6−360)−(h*30+m*0.5)=22 식을 만족해야 하는데 정수로 떨어지면서 가능한 시간이 없다.
- 따라서, 시침과 분침의 사잇각을 22°로 만들 수 있는 경우는 0시 4분과 11시 56분으로 2가지이다.

3 문제 해결 예시 코드

행	Python 코드	C/C++ 코드
01	`print("2")`	`#include <stdio.h>`
02	`print("00:04")`	`int main()`
03	`print("11:56")`	`{`
04		`  printf("2\n");`
05		`  printf("00:04\n");`
06		`  printf("11:56\n");`
07		`}`

1 문제 분석

- 시계가 00:00부터 움직인다.
- 시침과 분침은 분 단위로 움직인다. 1분이 지나면 시침은 0.5°씩, 분침은 6°씩 한 번에 이동한다.
- 시침은 1시간에 30°만큼 움직이게 된다.
- 시침과 분침의 사잇각 d를 입력받아, 시침과 분침의 각도가 d가 되는 시각의 개수와 각각의 시간을 빠른 시각부터 모두 출력한다.

2 문제 해결 방법

- 분침과 시침의 각도 차이가 정확히 d°가 되는 시간과 분을 모두 찾아내야 한다.
- 어떤 시간 h:m일 때, 시침의 회전 각도는 h*30+m*0.5이고, 분침의 회전 각도는 m*6이다.
- 시침과 분침의 사잇각이 d°가 되기 위해서는 '분침회전각도-시침회전각도'가 d°이거나 '시침회전각도-분침회전각도'가 d°이어야 한다.
- 시침과 분침의 사잇각이 180°를 넘는 경우에는 360°에서 해당 각도를 빼서 180°보다 작은 사잇각을 구할 수 있다. 예를 들어, 시침과 분침의 사잇각이 200°인 경우에는 160°라는 것을 알 수 있다.
- 00:00부터 11:59까지 매 분마다 시침과 분침의 사잇각을 계산하고, 그 사잇각이 d°인 경우에 해당 시간과 분을 배열(리스트)을 이용하여 저장할 수 있다.
- 배열(리스트)에 저장된 '시간:분'의 개수와 각각의 '시간:분'을 순서대로 출력한다.

3 문제 해결 예시 코드

■ 변수 설계

변수명	의미	비고
n	시침과 분침의 각도	
cnt	시침과 분침의 각도가 n인 시각의 개수	초깃값 0
h[]	시침과 분침의 각도가 n일 때의 시간	
m[]	시침과 분침의 각도가 n일 때의 분	

■ 코드

행	Python 코드	C/C++ 코드
01	`h = [0]*10`	`#include <stdio.h>`
02	`m = [0]*10`	`#include <algorithm>`
03	`n = int(input())`	`using namespace std;`

```
04    cnt = 0
05    for i in range(12):
06      for j in range(60):
07        ans = abs((i*30 + j*0.5) - j*6)
08        if ans == n:
09          h[cnt] = i
10          m[cnt] = j
11          cnt += 1
12        if 360 - ans == n and 360 - ans != 180:
13          h[cnt] = i
14          m[cnt] = j
15          cnt += 1
16    print(cnt)
17    for i in range(cnt):
18      print(f'{h[i]:02}:{m[i]:02}')
```

```
int h[10], m[10];
int main()
{
  int n, cnt = 0, i, j;
  float ans;
  scanf("%d", &n);
  for(i = 0; i < 12; i++)
  {
    for(j = 0; j < 60; j++)
    {
      ans = abs((i*30 + j*0.5) - j*6);
      if(ans == n)
      {
        h[cnt] = i;
        m[cnt] = j;
        cnt++;
      }
      if(360 - ans == n && 360 - ans != 180)
      {
        h[cnt] = i;
        m[cnt] = j;
        cnt++;
      }
    }
  }
  printf("%d\n", cnt);
  for(i = 0; i < cnt; i++)
    printf("%02d:%02d\n", h[i], m[i]);
}
```

코드 해석

- 시침과 분침의 사잇각 n을 입력받는다.
- 00:00부터 11:59까지 시간을 바꿔가며, 시침과 분침의 사잇각을 계산한다.
- 시침과 분침의 사잇각이 n인 경우에 그때의 시간과 분을 h, m 배열(리스트)에 저장하고 cnt 값을 1만큼 증가시킨다.
- 00:00부터 11:59까지 시침과 분침의 사잇각이 n인 경우의 cnt 값과 저장된 시간을 순서대로 출력한다.

문제 ①

1 문제 분석

- 6*6 크기의 영역에 바다 속 대게의 수가 쓰여 있다.
- 3*3 크기의 그물을 던지면 그 안에 들어가는 대게를 모두 잡을 수 있다.
- 3*3 크기의 그물을 던졌을 때 잡을 수 있는 대게의 최대 마릿수를 출력한다.

2 문제 해결 방법

- 6*6 크기의 영역에 3*3 그물을 던지는 방법은 총 16가지(4*4)이다.
- 각각의 경우에 대해서 모두 계산해 보면 다음과 같이 대게의 마릿수를 알아낼 수 있다.

그물을 이용하는 방법	잡을 수 있는 대게 수	그물을 이용하는 방법	잡을 수 있는 대게 수	그물을 이용하는 방법	잡을 수 있는 대게의 수	그물을 이용하는 방법	잡을 수 있는 대게 수
6x6 격자	48	6x6 격자	41	6x6 격자	29	6x6 격자	27
6x6 격자	49	6x6 격자	44	6x6 격자	36	6x6 격자	36
6x6 격자	47	6x6 격자	45	6x6 격자	36	6x6 격자	40
6x6 격자	44	6x6 격자	36	6x6 격자	28	6x6 격자	39

각 격자의 데이터(공통):

```
6  7  3  2  0  5
3 10  3  0  5  7
2  1 13  2  1  5
6 11  0  4  8  4
0  7  7  0  1 15
6  1  6  0  2  5
```

- 최대 마릿수는 49라는 것을 알 수 있다.

❸ 문제 해결 예시 코드

행	Python 코드	C/C++ 코드
01	print("49")	#include <stdio.h>
02		int main()
03		{
04		printf("49\n");
05		}

❶ 문제 분석

- n*n 크기의 영역에 바다 속 대게의 수가 쓰여 있다.
- 2*2 크기의 그물을 던지면 그 안에 들어가는 대게를 모두 잡을 수 있다.
- 2*2 크기의 그물을 던졌을 때 잡을 수 있는 대게의 최대 마릿수를 출력한다.

❷ 문제 해결 방법

- 왼쪽 위를 기준으로 (i, j)에 던진 2*2 크기의 그물의 각 모서리 좌표는 다음과 같다.

(i, j)	(i, j+1)
(i+1, j)	(i+1, j+1)

- 왼쪽 위를 기준으로 (i, j)에 2*2 크기의 그물을 던져 잡을 수 있는 대게의 마릿수는 다음과 같이 표현할 수 있다.

> (i, j) 칸에 있는 대게 + (i, j+1) 칸에 있는 대게 + (i+1, j) 칸에 있는 대게 + (i+1, j+1) 칸에 있는 대게

- 왼쪽 위를 기준으로 (1, 1)부터 '~(n−1, n−1)' 좌표까지 모든 영역에 2*2 크기의 그물을 던졌을 때 잡을 수 있는 대게의 수를 모두 계산할 수 있다.
- 최대 마릿수를 출력한다.

3 문제 해결 예시 코드

■ 변수 설계

변수명	의미	비고
n	영상의 크기	
A	각 영역에 있는 대게의 수	
i, j	반복 변수	
t	어떤 위치에 2*2 그물을 던졌을 때 잡을 수 있는 대게의 수	
m	최대 마릿수	초깃값 0

■ 코드

행	Python 코드
01	`n = int(input())`
02	`A = [[0] * (n+1) for _ in range(n+1)]`
03	`for i in range(1, n + 1):`
04	`  line = list(map(int, input().split()))`
05	`  for j in range(1, n + 1):`
06	`    A[i][j] = line[j - 1]`
07	`m = 0`
08	`for i in range(1, n):`
09	`  for j in range(1, n):`
10	`    t = (A[i][j] + A[i][j + 1] + A[i + 1][j] +`
11	`        A[i + 1][j + 1])`
12	`    m = max(m, t)`
13	`print(m)`

행	C/C++ 코드
01	`#include <stdio.h>`
02	`#include <algorithm>`
03	`using namespace std;`
04	
05	`int A[110][110];`
06	
07	`int main()`
08	`{`
09	`  int n, i, j, m = 0, t;`
10	`  scanf("%d", &n);`

```
11
12       for (i = 1; i <= n; i++)
13         for (j = 1; j <= n; j++)
14           scanf("%d", &A[i][j]);
15
16       for (i = 1; i < n; i++)
17       {
18         for (j = 1; j < n; j++)
19         {
20           t = A[i][j] + A[i][j + 1] +
21               A[i + 1][j] + A[i + 1][j + 1];
22           m = max(m, t);
23         }
24       }
25
26       printf("%d\n", m);
27       return 0;
28     }
```

코드 해석

- 영역의 크기 n을 입력받는다.
- (1,1)부터 (n,n)까지 각 영역의 대게 수를 입력받는다.
- (1,1)부터 (n,n)까지 2*2 영역의 대게 수를 계산하고, 이전까지 계산된 최댓값 ans와 비교한 후, 최댓값 ans를 갱신한다.
- ans 값을 출력한다.

 문제 2

1 문제 분석

- n*n 크기의 영역에 바닷속 대게의 수가 쓰여 있다.
- m*m 크기의 그물을 던지면 그 안에 들어가는 대게를 모두 잡을 수 있다.
- m*m 크기의 그물을 던졌을 때 잡을 수 있는 대게의 최대 마릿수를 출력한다.

2 문제 해결 방법

- 왼쪽 위를 기준으로 (i, j)에 던진 m*m 크기의 그물의 각 모서리 좌표는 다음과 같다.

(i, j)	(i, j+1)	...	(i, j+m-1)
(i+1, j)	(i+1, j+1)	...	(i+1, j+m-1)
...	...	...	...
(i+m-1, j)	(i+m-1, j+1)	...	(i+m-1, j+m-1)

- 왼쪽 위를 기준으로 (i, j)에 m*m 크기의 그물을 던져 잡을 수 있는 대게의 마릿수는 반복 구조를 사용해서 계산할 수 있다.
- 왼쪽 위를 기준으로 (1, 1)부터 '~ (n−m, n−m)' 좌표까지 모든 영역에 m*m 크기의 그물을 던졌을 때 잡을 수 있는 대게의 수를 모두 계산할 수 있다.
- 반복 계산이 매우 많기 때문에 2차원 누적합 방법을 사용해서 보다 빠르게 계산할 수 있다.
- 어떤 배열 $A[i][j]$가 있을 때, 2차원 누적합 배열 $S[i][j]$는 다음과 같은 방법으로 만들 수 있다.

$$S[i][j]=S[i-1][j]+S[i][j-1]-S[i-1][j-1]+A[i][j]$$

- $S[i][j]$를 (1, 1)부터 (i, j)까지의 합이 저장된 2차원 누적합 배열이라고 하면, 어떤 부분 (x_1, y_1)부터 (x_2, y_2)까지의 합은 다음 방법으로 빠르게 계산할 수 있다.

$$(x_1, y_1)부터\ (x_2, y_2)까지의\ 합=S[x_2][y_2]-S[x_1-1][y_2]-S[x_2][y_1-1]+S[x_1-1][y_1-1]$$

 = 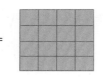 − 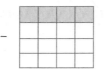 − +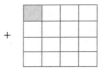

- 최대 마릿수를 출력한다.

3 문제 해결 예시 코드

■ 변수 설계

변수명	의미	비고
n	영상의 크기	
m	그물의 크기	
A	각 영역에 있는 대게의 수	
S	(1, 1)부터 (i, j)까지의 누적합 배열	
i, j	반복 변수	

변수명	의미	비고
t	어떤 위치에 m*m 그물을 던졌을 때 잡을 수 있는 대게의 수	
mx	최대 마릿수	초깃값 0

■ 코드

행	Python 코드
01	`n, m = map(int, input().split())`
02	`A = [[0]*(n+1) for _ in range(n+1)]`
03	`S = [[0]*(n+1) for _ in range(n+1)]`
04	
05	`for i in range(1, n+1):`
06	`    row = list(map(int, input().split()))`
07	`    for j in range(1, n+1):`
08	`        A[i][j] = row[j-1]`
09	`        S[i][j] = S[i-1][j] + S[i][j-1] - S[i-1][j-1] + A[i][j]`
10	
11	`mx = 0`
12	`for i in range(m, n+1):`
13	`    for j in range(m, n+1):`
14	`        t = S[i][j] - S[i-m][j] - S[i][j-m] + S[i-m][j-m]`
15	`        mx = max(mx, t)`
16	
17	`print(mx)`

행	C/C++ 코드
01	`#include <stdio.h>`
02	`#include <algorithm>`
03	`using namespace std;`
04	`int n, m, A[610][610], S[610][610], mx, t;`
05	
06	`int main()`
07	`{`
08	`    scanf("%d %d", &n, &m);`
09	`    for(int i = 1; i <= n; i++) {`
10	`        for(int j = 1; j <= n; j++) {`
11	`            scanf("%d", &A[i][j]);`
12	`            S[i][j] = S[i-1][j] + S[i][j-1] - S[i-1][j-1] + A[i][j];`
13	`        }`

```
14          }
15          mx = 0;
16          for(int i = m; i <= n; i++) {
17              for(int j = m; j <= n; j++) {
18                  t = S[i][j] + S[i-m][j-m] - S[i-m][j] - S[i][j-m];
19                  mx = max(mx, t);
20              }
21          }
22          printf("%d\n", mx);
23          return 0;
24      }
```

코드 해석

- 영역의 크기 n과 그물의 크기 m을 입력받는다.
- (1,1)부터 (n,n)까지 각 영역의 대게 수를 A 배열(리스트)에 입력받으면서, 누적합을 S 배열(리스트)에 만든다.
- 누적합 배열(리스트) S를 사용해서 (1,1)부터 (n,n)까지 m*m 영역의 대게 수를 계산하고, 이전까지 계산된 최댓값 mx와 비교한 후, 최댓값 mx를 갱신한다.
- mx 값을 출력한다.

문제 **0**

1 문제 분석

- 학급 순서대로 한 반씩 다리를 건너가야 한다.
- 다리의 한 구간에는 한 학급씩 올라가고, 한 학급은 1분에 한 구간씩 이동한다.
- 다리 위의 학생 수가 최대 인원을 넘게 되면 올라가지 못한다.
- 다리에 올라갈 수 있는 최대 인원은 30명이다.
- 다리 구간의 개수는 5이다.
- 다리를 건너야 하는 학급 수는 8개이다.
- 각 학급별 인원수는 차례대로 15, 14, 10, 6, 7, 13, 10, 16이다.
- 모든 학급이 다리 건너편으로 이동할 때까지 필요한 최소 시간(분)을 출력한다.

2 문제 해결 방법

각 학급별 인원수는 다음과 같다.

반	1	2	3	4	5	6	7	8
인원수	15	14	10	6	7	13	10	16

다리 구간의 개수가 5이고 1분에 1구간씩 이동할 수 있기 때문에, 최대 인원이 30명을 넘지 않도록 한 반씩 순서대로 다리 위에 올려놓으면서 최소 시간(분)을 알아낼 수 있다.

분	다리 구간					다리 위 인원	올라가야 할 반
0						0	1
1					15	15	2
2				15	14	29	3
3			15	14		29	3
4		15	14			29	3
5	15	14				29	3
6	14				10	24	4
7				10	6	16	5

분	다리 구간					다리 위 인원	올라가야 할 반
8			10	6	7	23	6
9		10	6	7		23	6
10	10	6	7			23	6
11	6	7			13	26	7
12	7			13	10	30	8
13			13	10		23	8
14		13	10			23	8
15	13	10				23	8
16	10				16	26	
17				16		16	
18			16			16	
19		16				16	
20	16					16	
21						0	

따라서, 8개 학급이 모두 다리를 건너기 위해서 21분이 필요하다는 것을 알아낼 수 있다.

3 문제 해결 예시 코드

행	Python 코드	C/C++ 코드
01	`print("21")`	`#include <stdio.h>`
02		`int main()`
03		`{`
04		`  printf("21\n");`
05		`}`

문제 1

1 문제 분석

- 학급 순서대로 한 반씩 다리를 건너가야 한다.
- 다리의 한 구간에는 한 학급씩 올라가고, 한 학급은 1분에 한 구간씩 이동한다.
- 다리 위의 학생 수가 최대 인원을 넘게 되면 올라가지 못한다.
- 다리에 올라갈 수 있는 최대 인원은 w명이다.
- 다리 구간의 개수는 b이다.
- 다리를 건너야 하는 학급 수는 n개이다.
- 각 학급별 인원수 k_i가 차례대로 입력된다.
- 모든 학급이 다리 건너편으로 이동할 때까지 필요한 최소 시간(분)을 출력한다.

2 문제 해결 방법

다리에 올라가 있는 총 인원수에 다리에 올라가야 하는 학급의 인원수를 더해서 다리에 올라갈 수 있는 최대 인원수를 넘지 않으면, 그 학급을 다리 위에 올릴 수 있다.

각 구간별 인원수			다리에 올라가야 하는 학급의 인원수	최대 인원 30명	다리 위로 올라갈 수 있는가?
8 7 5 총 인원수: 20			10	20+10<=30	가능
8 7 5 총 인원수: 20			15	20+15>30	불가능

다리 위에 있는 학급들은 1분마다 한 구간씩 이동한다.

분	다리 구간					
t		1반	2반		3반	
t+1		2반		3반		?

첫 번째 반부터 마지막 반까지 최대 인원수에 따라서 다리 위로 올리고 이동시키면서 최소 시간(분)을 구한다.

❸ 문제 해결 예시 코드

■ 변수 설계

변수명	의미	비고
w	다리에 오를 수 있는 최대 인원수	
b	다리의 구간 수	
n	학급 수	
k[]	각 학급별 인원수	
br	다리의 각 구간별 인원수	초깃값 0
nowb	다리에 올라가려고 기다리는 학급	초깃값 1
tw	다리 위에 있는 총 인원수	초깃값 0
t	이동 시간	초깃값 0

■ 코드

행	Python 코드	C/C++ 코드
01	`wb, b = map(int, input().split())`	`#include <stdio.h>`
02	`n = int(input())`	`int w, b, n, k[101], br[110], nowb, tw, t;`
03	`k = [0] + list(map(int, input().split()))`	
04	`br = [0] * 110`	`int main()`
05	`nowb = 1`	`{`
06	`tw = 0`	`  scanf("%d%d", &w, &b);`
07	`t = 0`	`  scanf("%d", &n);`
08		`  for(int i=1; i<=n; i++)`
09	`while True:`	`    scanf("%d", &k[i]);`
10	`  t += 1`	`  nowb = 1;`
11	`  tw -= br[b]`	`  while(++t)`
12	`  for i in range(b, 0, -1):`	`  {`
13	`    br[i] = br[i-1]`	`    tw -= br[b];`
14	`  if tw + k[nowb] <= wb:`	`    for(int i=b; i>0; i--)`
15	`    br[1] = k[nowb]`	`      br[i] = br[i-1];`
16	`    tw += k[nowb]`	`    if(tw+k[nowb] <= w)`
17	`    nowb += 1`	`    {`
18	`  if nowb > n:`	`      br[1] = k[nowb];`
19	`    break`	`      tw += k[nowb];`
20	`print(t + b)`	`      nowb++;`
21		`    }`
22		`    if(nowb > n)`

```
23                                          break;
24                                      }
25                                      printf("%d\n", t+b);
26                                      return 0;
27                                  }
```

- 다리에 오를 수 있는 최대 인원수 w와 다리의 구간 수 b를 입력받는다.
- 학급 수 n을 입력받고, 각 반의 인원수를 k[] 배열(리스트)에 저장한다.
- 다리의 각 구간에 있는 학생들을 한 구간씩 이동시키고 다리 위에 있는 총 인원수를 갱신한다.
- 다음 학급이 올라갈 수 있으면 해당 반을 다리의 첫 번째 구간에 올리고, 다음 학급이 올라갈 수 없으면 다리의 첫 번째 구간을 비워 둔다.
- 마지막 반이 다리에 올라가면, 마지막 반의 이동 시간까지 포함해서 이동 시간을 출력한다.

문제 ①

1 문제 분석

- 이전 지점에서 다음 지점까지 고도가 1씩 올라갈 때마다 2만큼의 전기를 소모한다.
- 이전 지점에서 다음 지점까지 고도가 연속으로 2씩 내려갈 때마다 1만큼의 전기가 충전된다.
- 전기 자동차를 타고 순서대로 이동해야 하는 지점이 10개이고, 각 지점의 고도는 10, 6, 10, 6, 8, 15, 10, 13, 12, 20이다.
- 시작 지점에서 목표 지점까지 가기 위해서 출발 전에 필요한 최소 배터리량을 출력한다.

2 문제 해결 방법

- 시작 지점에서부터 목표 지점까지 이동하면서 소모하거나 충전되는 전기량을 따라가면, 시작 지점에서 필요한 최소 배터리량을 계산할 수 있다.
- 시작 지점에서부터 목표 지점까지 이동하면서 소모하거나 충전되는 전기량을 표로 정리하면 아래와 같다.

현재 고도	다음 고도	고도 변화	배터리 소모/충전	배터리 충전량 변화	배터리 충전량 누적
10	6	−4	충전	4/2=+2	+2
6	10	+4	소모	4*2=−8	−6
10	6	−4	충전	4/2=+2	−4
6	8	+2	소모	2*2=−4	−8
8	15	+7	소모	7*2=−14	−22
15	10	−5	충전	5/2=+2	−20
10	13	+3	소모	3*2=−6	−26
13	12	−1	충전	1/2=0	−26
12	20	+8	소모	8*2=−16	−42
20					−42

- 여러 지점 중에서 고도가 가장 높은 곳까지 이동하면 나머지 지점들로는 충전하면서 내려갈 수 있기 때문에 가장 높은 고도까지 이동하기 위해서 필요한 배터리량이 가장 중요하다.
- 시작 지점에서 목표 지점까지 중에서 가장 높은 고도는 마지막 지점인 20이고, 그 위치까지 올라가기 위해서 필요한 충전량이 −42이므로, 시작 지점에서 목표 지점까지 가기 위해서 출발 전에 필요한 최소 배터리량은 42라는 것을 알아낼 수 있다.

❸ 문제 해결 예시 코드

행	Python 코드	C/C++ 코드
01	`print("42")`	`#include <stdio.h>`
02		`int main()`
03		`{`
04		`  printf("42\n");`
05		`}`

🎓 문제 1

❶ 문제 분석

- 이전 지점에서 다음 지점까지 고도가 1씩 올라갈 때마다 2만큼의 전기를 소모한다.
- 이전 지점에서 다음 지점까지 고도가 연속으로 2씩 내려갈 때마다 1만큼의 전기가 충전된다.
- 전기 자동차를 타고 순서대로 이동해야 하는 지점의 개수(n)와 각 지점의 고도(k_i)가 입력된다.
- 시작 지점에서 목표 지점까지 가기 위해서 출발 전에 필요한 최소 배터리량을 출력한다.

❷ 문제 해결 방법

- 이전 지점과 다음 지점까지의 고도를 비교해서 전기 소모 및 충전량을 계산한다.
- 만약, 다음 지점의 고도가 더 높다면, '(다음 지점의 고도−이전 지점의 고도)*2'만큼의 전기를 소모한다.
  다음 지점의 고도가 더 낮다면, '(이전 지점의 고도−다음 지점의 고도)/2'만큼의 전기를 충전한다.
- 여러 지점 중에서 가장 높은 고도까지 이동하기 위해서 필요한 배터리량이 가장 중요하다.
- 시작 지점에서 목표 지점까지 중에서 가장 높은 고도까지 올라가기 위해서 필요한 충전량을 찾는다.
- 시작 지점에서 가장 높은 고도까지 이동하기 위해서 필요한 최소 배터리량을 출력한다.

❸ 문제 해결 예시 코드

■ 변수 설계

변수명	의미	비고
n	지점의 개수	
d[]	각 지점의 고도	
h1	이전 지점의 고도	
h2	다음 지점의 고도	

변수명	의미	비고
s	어떤 지점까지 필요한 충전량	초깃값 0
m	최소 배터리량	초깃값 0

■ 코드

행	Python 코드	C/C++ 코드
01	`n = int(input())`	`#include <stdio.h>`
02	`s = 0`	`int n, h1, h2, s=0, m=0;`
03	`m = 0`	`int main()`
04	`a = list(map(int, input().split()))`	`{`
05	`h1 = a[0]`	`  scanf("%d", &n);`
06	`for i in range(1, n):`	`  scanf("%d", &h1);`
07	`  h2 = a[i]`	`  for(int i=1; i<n; i++)`
08	`  if h2 > h1:`	`  {`
09	`    s += (h2-h1)*2`	`    scanf("%d", &h2);`
10	`  else:`	`    if(h2 > h1)`
11	`    s -= (h1-h2)//2`	`      s += (h2-h1)*2;`
12	`  if m < s:`	`    else`
13	`    m = s`	`      s -= (h1-h2)/2;`
14	`  h1 = h2`	`    if(m < s)`
15	`print(m)`	`      m = s;`
16		`    h1 = h2;`
17		`  }`
18		`  printf("%d\n", m);`
19		`  return 0;`
20		`}`

코드 해석

- 지점들의 개수 n을 입력받는다.
- 각 지점들의 고도를 k[] 배열(리스트)에 저장한다.
- 이전 지점의 고도와 다음 지점의 고도를 비교해서, 다음 지점으로 올라가는 경우에는 필요한 전기 소모량을 s 에 더하고, 다음 지점으로 내려가는 경우에는 전기 충전량을 s에서 뺀다.
- 다음 지점으로 이동하기 위한 전기 충전량 s가 이전까지 알려져 있던 충전량 m보다 큰 경우, 충전량 m을 s 값으로 갱신한다.
- 다음 지점의 고도를 이전 지점의 고도 값으로 바꾼다.
- 같은 방법으로 마지막 지점까지 반복한 후, 기록된 충전량 m을 출력한다.

문제 0

1 문제 분석

- 전주역에 09:00시에 도착해서 관광을 한 후, 다시 전주역에 18:00시까지 도착해야 한다.
- 5개의 관광지를 한 번씩 모두 돌아야 한다.
- 전주역 및 5개의 관광지 사이를 이동하는 데 필요한 시간이 표로 주어진다.
- 이동 시간을 빼고 관광지들을 관광할 수 있는 최대 시간을 계산해서 출력해야 한다.

2 문제 해결 방법

- 5개의 관광지를 순서대로 방문할 수 있는 가짓수는 5*4*3*2*1=120가지이다.
- 120가지 경우에 대해서 이동 시간을 모두 계산하면 답을 알아낼 수 있지만 시간이 매우 오래 걸린다.
- 관광지 사이를 이동하는 데 필요한 시간이 적혀있는 표를 살펴보면, 전주역에서 가까운 순서는 풍남문, 전동성당, 영화의 거리, 한옥마을, 전주 월드컵 경기장이라는 것을 알아낼 수 있다.
- 따라서, 가장 가까운 관광지를 순서대로 이동하는 방법으로, '전주역–풍남문–전동성당–영화의 거리–한옥마을–전주 월드컵 경기장–전주역' 순서로 1+1+1+1+1+5분을 들여 이동하거나, '전주역–전주 월드컵 경기장–한옥마을–영화의 거리–전동성당–풍남문–전주역' 순서로 5+1+1+1+1+1분을 들여 이동하는 방법이 최소 이동 시간 10분이라는 것을 찾아낼 수 있다.
- 전주역에 도착하는 시간이 09:00시이고 전주역에서 출발하는 시간이 18:00시이므로, 이동 시간 10분을 제외한 최대 관광 시간은 08:50이라는 것을 알아낼 수 있다.

3 문제 해결 예시 코드

행	Python 코드	C/C++ 코드
01	`print("08:50")`	`#include <stdio.h>`
02		`int main()`
03		`{`
04		`  printf("08:50\n");`
05		`}`

문제 1

1 문제 분석

- 전주역에 도착해서 5개의 관광지를 모두 관광한 후, 전주역에서 다시 출발해야 한다.

- 전주역에 도착하는 시간이 hh:mm 형식으로 입력된다.
- 전주역에서 출발하는 시간이 hh:mm 형식으로 입력된다.
- 전주역에서 5개의 관광지까지 이동하는 시간이 입력된다.
- 첫 번째 관광지에서 전주역을 포함한 다른 관광지까지 이동하는 시간이 입력된다.
- 두 번째 관광지에서 전주역을 포함한 다른 관광지까지 이동하는 시간이 입력된다.
- 세 번째 관광지에서 전주역을 포함한 다른 관광지까지 이동하는 시간이 입력된다.
- 네 번째 관광지에서 전주역을 포함한 다른 관광지까지 이동하는 시간이 입력된다.
- 다섯 번째 관광지에서 전주역을 포함한 다른 관광지까지 이동하는 시간이 입력된다.
- 이동 시간을 빼고 관광지들을 관광할 수 있는 최대 시간을 계산해서 출력해야 한다.

② 문제 해결 방법

- 5개의 관광지를 순서대로 방문할 수 있는 가짓수는 5*4*3*2*1=120가지이다.
- 120가지 경우에 대해서 이동 시간을 모두 계산하면 답을 알아낼 수 있다.
- 5중 반복으로 모든 경우를 계산하면서 같은 관광지를 방문하는 경우는 제외시키는 방법으로 이동 시간 합의 최소를 알아낼 수 있다.
- 이동 시간의 합이 최소인 경우를 알아낸 후, 도착 시간과 출발 시간을 사용해서 최대 관광 시간을 계산할 수 있다.

③ 문제 해결 예시 코드

■ 변수 설계

변수명	의미	비고
h1	도착 시간(시간)	
m1	도착 시간(분)	
h2	출발 시간(시간)	
m2	출발 시간(분)	
mx	최대 관광 시간(분)	
t[]	전주역 및 관광지 사이의 이동 시간(분)	
tm	5개의 관광지를 모두 방문한 후 전주역으로 돌아오는 데 필요한 최소 이동 시간(분)	초깃값 1,450
i1	첫 번째 관광지	
i2	두 번째 관광지	
i3	세 번째 관광지	
i4	네 번째 관광지	

변수명	의미	비고
i5	다섯 번째 관광지	
tt	5개의 관광지를 모두 방문한 후 전주역으로 돌아오는 데 필요한 이동 시간(분)	

■ 코드

행	Python 코드
01	`h1, m1 = map(int, input().split(':'))`
02	`h2, m2 = map(int, input().split(':'))`
03	`t = []`
04	`for _ in range(6):`
05	`  t.append(list(map(int, input().split())))`
06	`mx = (h2*60+m2) - (h1*60+m1)`
07	`tm = 24*60+10`
08	`for i1 in range(1, 6):`
09	`  for i2 in range(1, 6):`
10	`    if i2 != i1:`
11	`      for i3 in range(1, 6):`
12	`        if i3 != i1 and i3 != i2:`
13	`          for i4 in range(1, 6):`
14	`            if i4 != i1 and i4 != i2 and i4 != i3:`
15	`              for i5 in range(1, 6):`
16	`                if i5 != i1 and i5 != i2 and i5 != i3 and i5 != i4:`
17	`                  tt=(t[0][i1]+t[1][i2]+t[2][i3]+`
18	`                    t[3][i4]+t[4][i5]+t[5][0])`
19	`                  if tt < tm:`
20	`                    tm = tt`
21	`mx -= tm`
22	`print(f"{mx//60:02}:{mx%60:02}")`

행	C/C++ 코드
01	`#include <stdio.h>`
02	`int h1, m1, h2, m2, t[6][6], tm, tt, mx;`
03	`int main() {`
04	`  scanf("%d:%d", &h1, &m1);`
05	`  scanf("%d:%d", &h2, &m2);`
06	`  for(int i = 0; i < 6; i++)`
07	`    for(int j = 0; j < 6; j++)`
08	`      scanf("%d", &t[i][j]);`

```
09      mx = (h2*60+m2) - (h1*60+m1);
10      tm = 24*60+10;
11      for(int i1 = 1; i1 < 6; i1++)
12        for(int i2 = 1; i2 < 6; i2++)
13          if(i2 != i1)
14            for(int i3 = 1; i3 < 6; i3++)
15              if(i3 != i1 && i3 != i2)
16                for(int i4 = 1; i4 < 6; i4++)
17                  if(i4 != i1 && i4 != i2 && i4 != i3)
18                    for(int i5 = 1; i5 < 6; i5++)
19                      if(i5 != i1 && i5 != i2 && i5 != i3 && i5 != i4)
20                      {
21                        int tt=t[0][i1]+t[1][i2]+t[2][i3]+t[3][i4]+
22                            t[4][i5]+t[5][0];
23                        if(tt < tm)
24                          tm = tt;
25                      }
26    mx -= tm;
27    printf("%02d:%02d\n", mx/60, mx%60);
28    return 0;
29  }
```

코드 해석

- 전주역 도착 시간과 출발 시간을 입력받는다.
- 전주역을 비롯한 각 관광지들 사이의 이동 시간을 입력받는다.
- 출발 시간에서 도착 시간을 뺀 최대 시간을 최대 관광 시간으로 가정한다.
- 5개의 관광지를 모두 돌아보는 데 필요한 최소 이동 시간을 하루+10분으로 가정한다.
- 5개의 관광지를 순서대로 이동할 수 있는 모든 경우를 만든 후, 각 관광지들을 돌아본 후 다시 전주역으로 돌아오는 데까지 필요한 이동 시간을 계산한다.
- 그 이동 시간이 그 이전까지 알려진 최소 이동 시간보다 작은 경우, 최소 이동 시간을 갱신한다.
- 최대 관광 시간에서 최소 이동 시간을 뺀 시간을 최대 관광 시간으로 출력한다.

풀이 12 군산 스탬프 투어

문제 ❶

1 문제 분석

- 숙소에서 출발해서 스탬프 투어 시간 이내에 정해준 개수만큼의 관광지를 돌아본 후 숙소로 돌아오면 기념품을 받는다.
- 전체 관광지의 개수는 5개이고, 선생님이 정해준 관광지의 개수는 3개이다.
- 학생 수는 10명이다.
- 스탬프 투어 시간은 100분이다.
- 1번 관광지의 관람 시간은 30분, 2번 관광지의 관람 시간은 25분, 3번 관광지의 관람 시간은 20분, 4번 관광지의 관람 시간은 30분, 5번 관광지의 관람 시간은 35분이다.
- 어떤 관광지에서 다른 관광지로 이동할 때에는 5분의 시간이 걸린다.
- 10명의 학생에 대한 각각의 관광지 관람 순서가 주어졌다.
- 기념품을 받는 학생의 수를 출력해야 한다.

2 문제 해결 방법

- 숙소에서 출발해서 3개의 관광지를 방문한 후 스탬프 투어 시간 100분 이내에 숙소로 돌아오는 학생들의 인원수를 세어야 한다.
- 각각의 학생들이 숙소에서 출발하여 3곳의 관광지를 관람하고 숙소로 돌아오는 데 필요한 시간을 다음과 같이 표를 이용해 계산할 수 있다.

학생 번호	관광지 관람 순서
1	3번 → 5번 → 2번
2	2번 → 3번 → 5번
3	5번 → 2번 → 3번
4	5번 → 2번 → 1번
5	2번 → 5번 → 1번
6	5번 → 2번 → 1번
7	3번 → 2번 → 1번
8	4번 → 1번 → 3번
9	3번 → 4번 → 5번
10	1번 → 2번 → 4번

학생 번호	이동 시간 (분)	첫 번째 관광지 관람 시간 (분)	이동 시간 (분)	두 번째 관광지 관람 시간 (분)	이동 시간 (분)	세 번째 관광지 관람 시간 (분)	숙소까지 이동 시간 (분)	총 시간 (분)
1	5	20	5	35	5	25	5	100
2	5	25	5	20	5	35	5	100
3	5	35	5	25	5	20	5	100
4	5	35	5	25	5	30	5	110
5	5	25	5	35	5	30	5	110
6	5	35	5	25	5	30	5	110
7	5	20	5	25	5	30	5	95
8	5	30	5	30	5	20	5	100
9	5	20	5	30	5	35	5	105
10	5	30	5	25	5	30	5	105

따라서, 1번, 2번, 3번, 7번, 8번으로 총 5명이라는 것을 알아낼 수 있다.

3 문제 해결 예시 코드

■ 코드

행	Python 코드	C/C++ 코드
01	`print("5")`	`#include <stdio.h>`
02		`int main()`
03		`{`
04		`    printf("5\n");`
05		`}`

 문제 1

1 문제 분석

• 숙소에서 출발해서 스탬프 투어 시간 이내에 정해준 개수만큼의 관광지를 돌아본 후 숙소로 돌아오면 기념품을 받는다.
• 전체 관광지 개수는 n개이고, 선생님이 정해준 관광지의 개수는 m개이다.
• 학생 수는 k명이다.

- 스탬프 투어 시간은 t분이다.
- 각 관광지별 관람 시간이 주어진다.
- k명 학생의 관람 순서가 주어진다.
- 어떤 관광지에서 다른 관광지로 이동할 때에는 5분의 시간이 걸린다.
- m개의 관광지를 관람한 후, t분 이내에 숙소로 돌아와서 기념품을 받는 학생의 수를 출력해야 한다.

② 문제 해결 방법

- 숙소에서 출발해서 m개의 관광지를 방문한 후 스탬프 투어 시간 t분 이내에 숙소로 돌아오는 학생들의 인원수를 세어야 한다.
- 각각의 학생들이 숙소에서 출발하여 m곳의 관광지를 관람하고 숙소로 돌아오는 데 필요한 시간을 학생별로 계산하여 카운팅할 수 있다.
- 학생별 시간 계산은 다음과 같다.

　❶ 이동 시간 합: (m+1)*5분
　❷ 관광지 관람 시간 합: 첫 번째 관광지 관람 시간+두 번째 관광지 관람 시간+···+마지막 관광지 관람 시간
　❸ 숙소를 출발하여 m곳의 관광지를 관람하고 숙소로 돌아오는 데 필요한 시간: 이동 시간 합+관광지 관람 시간 합

- 기념품을 받는 학생의 인원수는 학생별로 필요한 시간과 스탬프 투어 시간을 비교하여 셀 수 있다.

if 학생별 필요한 시간≤스탬프 투어 시간 :
기념품을 받는 학생+=1

③ 문제 해결 예시 코드

■ 변수 설계

변수명	의미	비고
n	전체 관광지의 개수	10 이하의 자연수
m	선생님이 정해준 관광지의 개수	n 이하의 자연수
k	학생 수	10 이상 100 이하
t	스탬프 투어 시간	10 이상 200 이하
cnt	기념품을 받을 학생의 수	초깃값 0
a[]	관광지별 관람 시간	30 이하의 자연수
tt	숙소에서 출발해서 관광지를 돌아보고 숙소로 돌아올 때까지 필요한 시간	초깃값 5*(m+1)
b[]	학생별 관광지 방문 순서	n 이하의 자연수

■ 코드

행	Python 코드	C/C++ 코드
01	n, m, k, t = map(int, input().split())	#include <stdio.h>
02	a = list(map(int, input().split()))	int n, m, k, t, a[11], b[11], cnt;
03	cnt = 0	int main()
04	for i in range(k):	{
05	tt = 5 * (m + 1)	scanf("%d %d %d %d", &n, &m, &k, &t);
06	b = list(map(int, input().split()))	for(int i = 0; i < n; i++)
07	for j in b:	scanf("%d", &a[i]);
08	tt += a[j - 1]	cnt = 0;
09	if tt <= t:	for(int i = 0; i < k; i++)
10	cnt += 1	{
11	print(cnt)	int tt = 5 * (m + 1);
12		for(int j = 0; j < m; j++)
13		scanf("%d", &b[j]);
14		for(int j = 0; j < m; j++)
15		tt += a[b[j] - 1];
16		if(tt <= t)
17		cnt++;
18		}
19		printf("%d\n", cnt);
20		return 0;
21		}

코드 해석

- 전체 관광지의 개수 n, 선생님이 정해준 관광지의 개수 m, 학생 수 k, 스탬프 투어 시간 t를 입력받는다.
- 관광지별 관람 시간을 a[] 배열(리스트)에 입력받는다.
- k명의 학생별로 m개의 관광지를 관광하고 돌아오는 데 필요한 시간을 계산한다.
- 각각의 학생별로 m개의 관광지 사이를 이동하는 데 필요한 시간을 먼저 계산(5*(m+1))하여 tt에 저장하고, 각 관광지를 관람하는 데 필요한 관광 시간을 tt에 누적하여 더한다.
- 누적한 값 tt가 스탬프 투어 시간 t 이내에 들어오는 경우에 카운트를 한다.
- 모든 학생들에 대해서 확인한 카운트 값을 출력한다.

🎓 문제 2

1 문제 분석

- 숙소에서 출발해서 스탬프 투어 시간 이내에 정해준 개수만큼의 관광지를 돌아본 후 숙소로 돌아오면 기념품을 받는다.
- 전체 관광지 개수는 n개이고, 선생님이 정해준 관광지의 개수는 m개이다.
- 스탬프 투어 시간은 t분이다.
- 각 관광지별 관람 시간이 주어진다.
- 어떤 관광지에서 다른 관광지로 이동할 때에는 5분의 시간이 걸린다.
- n개의 관광지 중에서 m개의 관광지를 관람한 후, t분 이내에 숙소로 돌아와서 기념품을 받을 수 있는 방문 순서의 가짓수를 구해야 한다.

2 문제 해결 방법

- 숙소에서 출발해서 m개의 관광지를 방문한 후 스탬프 투어 시간 t분 이내에 숙소로 돌아오는 방법의 가짓수를 세어야 한다.
- n개의 관광지 중에서 m개의 관광지를 순서대로 관람할 수 있는 방법의 가짓수는 대략적으로 nm가지가 있는데, 가능한 수를 n진수로 바꾸어 표현하면, 각 자리의 수를 관광지 번호로 가정하고 모든 경우를 편리하게 확인할 수 있다.
- 예를 들어, 5개의 관광지 중에서 3개의 관광지를 관람해야 하는 경우라면, 0부터 125까지의 10진수를 5진수로 바꾸어 가능한 모든 관광지 방문 순서를 처리할 수 있다. 5진수로 바꾸어 처리하면 각 자리의 수가 0~4까지만 사용되므로 각 자리의 수에 +1을 하면 되는데, 10진수 7은 5진수 012(5)이고, 이는 1(0+1)번-2(1+1)번-3(2+1)번 관광지를 방문하는 순서로 처리할 수 있다.
- 단, 같은 관광지를 두 번 이상 방문하게 되는 경우는 제외해야 한다.

- 시간 계산은 다음과 같다.

  ❶ 이동 시간 합: (m+1)*5분
  ❷ 관광지 관람 시간 합: 첫 번째 관광지 관람 시간+두 번째 관광지 관람 시간+⋯+마지막 관광지 관람 시간
  ❸ 숙소를 출발하여 m곳의 관광지를 관람하고 숙소로 돌아오는 데 필요한 시간: 이동 시간 합+관광지 관람 시간 합

- 기념품을 받을 수 있는 관광지 관람 순서의 가짓수는 관광지 방문 순서별에 따라 필요한 시간과 스탬프 투어 시간을 비교하여 구할 수 있다.

if 필요한 시간≤스탬프 투어 시간:
관람 순서의 가짓수+=1

❸ 문제 해결 예시 코드

■ 변수 설계

변수명	의미	비고
n	전체 관광지의 개수	8 이하의 자연수
m	선생님이 정해준 관광지의 개수	n 이하의 자연수
t	스탬프 투어 시간	10 이상 200 이하
a[]	관광지별 관람 시간	30 이하의 자연수
i, j	반복 변수	
p	가능한 모든 방법의 대략적인 가짓수	
pi	관광지 방문 방법(순서)	
c[]	관광지별 방문 체크	
chk	같은 관광지 방문 여부	
tt	숙소에서 출발해서 관광지를 돌아보고 숙소로 돌아올 때까지 필요한 시간	초깃값 5*(m+1)
k	관광지 번호	
cnt	가능한 방문 순서의 가짓수	

■ 코드

행	Python 코드	C/C++ 코드
01	`n, m, t = map(int, input().split())`	`#include <stdio.h>`
02	`a = list(map(int, input().split()))`	`int n, m, t, a[10], p, pi, c[10], chk, cnt;`
03	`p = 1`	`int main() {`
04	`for _ in range(m):`	`  scanf("%d %d %d", &n, &m, &t);`
05	`  p *= n`	`  for(int i=0; i<n; i++)`
06	`cnt = 0`	`    scanf("%d", &a[i]);`
07	`for i in range(1, p+1):`	`  p = 1;`
08	`  pi = i`	`  for(int i=0; i<m; i++)`
09	`  c = [0]*(n+1)`	`    p *= n;`
10	`  chk = 0`	`  cnt = 0;`
11	`  tt = 5*(m+1)`	`  for(int i=1; i<=p; i++)`
12	`  for _ in range(m):`	`  {`
13	`    if c[pi%n+1] == 1:`	`    pi = i;`
14	`      chk = 1`	`    for(int j=0; j<=n; j++)`
15	`    c[pi%n+1] = 1`	`      c[j] = 0;`
16	`    tt += a[pi%n]`	`    chk = 0;`
17	`    pi //= n`	`    tt = 5*(m+1);`

18	
19	`  if chk == 0 and tt <= t:`
20	`    cnt += 1`
21	`print(cnt)`
22	
23	
24	
25	
26	
27	
28	
29	
30	
31	

```c
        for(int j=0; j<m; j++)
        {
            if(c[pi%n+1] == 1)
                chk = 1;
            c[pi%n+1] = 1;
            tt += a[pi%n];
            pi /= n;
        }
        if(chk == 0 && tt <= t)
            cnt++;
    }
    printf("%d\n", cnt);
    return 0;
}
```

코드 해석

- 전체 관광지의 개수 n, 선생님이 정해준 관광지의 개수 m, 스탬프 투어 시간 t를 입력받는다.
- 관광지별 관람 시간을 a[ ] 배열(리스트)에 입력받는다.
- 1부터 n^m까지 각각의 수를 n진법으로 가정하여 m개의 관광지를 관광하고 돌아오는 데 필요한 시간을 계산한다.
- 관람한 관광지 번호를 체크하기 위한 배열(리스트) c[ ]의 모든 값을 0으로 초기화한다.
- 관광지 사이를 이동하는 데 필요한 시간을 먼저 계산(5*(m+1))하여 tt에 저장하고, 각 관광지를 관람하는 데 필요한 관광 시간을 n진법의 한 자리씩 계산하며 tt에 누적하여 더한다. 관람한 관광지를 기록하면서 같은 관광지를 관람한 경우에는 chk 값을 1로 바꾼다.
- 같은 관광지를 관람하지 않았으면서(chk==0), 누적한 값 tt가 스탬프 투어 시간 t 이내에 들어오는 경우에 카운트를 한다.
- 모든 경우에 대해서 확인한 카운트 값을 출력한다.

풀이 13 임실 치즈

문제 0

1 문제 분석

- 10ℓ의 우유로 1kg의 치즈를 만들 수 있다.
- 최상의 컨디션인 젖소 1마리는 25ℓ의 우유를 생산한다.
- 보통의 컨디션인 젖소 1마리는 15ℓ의 우유를 생산한다.
- 최하의 컨디션인 젖소 1마리는 10ℓ의 우유를 생산한다.
- 정확히 2,024kg의 치즈를 생산하기 위해서 필요한 젖소의 최소 마릿수를 출력해야 한다.

2 문제 해결 방법

- 2,024kg의 치즈를 생산하기 위해서는 20,240ℓ의 우유가 필요하다는 것을 알아낼 수 있다.
- 최상의 컨디션인 젖소 1마리로 25ℓ의 우유를 생산할 수 있으므로 최상의 컨디션을 가진 젖소 809마리로 20,225ℓ의 우유를 생산할 수 있다. 더 적은 마릿수의 젖소로 20,225ℓ의 우유를 생산할 수 있는 다른 방법은 없다.
- 보통의 컨디션인 젖소 1마리로 15ℓ의 우유를 생산할 수 있고, 더 적은 마릿수의 젖소로 15ℓ의 우유를 생산할 수 있는 다른 방법은 없다.
- 따라서, 최소 810마리의 젖소로 20,240ℓ의 우유를 생산할 수 있다

3 문제 해결 예시 코드

행	Python 코드	C/C++ 코드
01	`print("810")`	`#include <stdio.h>`
02		`int main()`
03		`{`
04		`  printf("810\n");`
05		`}`

문제 1

1 문제 분석

- 10ℓ의 우유로 1kg의 치즈를 만들 수 있다.
- 최상의 컨디션인 젖소 1마리는 25ℓ의 우유를 생산한다.
- 보통의 컨디션인 젖소 1마리는 15ℓ의 우유를 생산한다.

- 최하의 컨디션인 젖소 1마리는 10ℓ의 우유를 생산한다.
- 정확히 n kg의 치즈를 생산하기 위해서 필요한 젖소의 최소 마릿수를 출력해야 한다.
- n의 범위는 10,000,000 이하의 자연수이다.

② 문제 해결 방법

- n kg의 치즈를 생산하기 위해서는 (n*10)ℓ의 우유가 필요하다는 것을 알아낼 수 있다.
- 최상의 컨디션인 젖소를 최대한 고르고 난 후 남게 되는 우유를 최소 마릿수로 생산할 수 있는 방법을 알아내면, 필요한 젖소의 최소 마릿수를 계산할 수 있다.

❶ 필요한 우유를 25로 나눈 나머지가 0이면 (n*10)/25마리의 젖소가 최소이다.

❷ 필요한 우유를 25로 나눈 나머지가 5이면 (n*10)/25+1마리의 젖소가 최소이다. 왜냐하면, 최상의 컨디션을 가진 젖소 (n*10)/25-1마리와 보통의 컨디션을 가진 2마리로 최소 마릿수를 만들 수 있기 때문이다.

❸ 필요한 우유를 25로 나눈 나머지가 10이면 (n*10)/25+1마리의 젖소가 최소이다. 왜냐하면, 최상의 컨디션을 가진 젖소 (n*10)/25마리와 최하의 컨디션을 가진 젖소 1마리로 최소 마릿수를 만들 수 있기 때문이다.

❹ 필요한 우유를 25로 나눈 나머지가 15이면 (n*10)/25+1마리의 젖소가 최소이다. 왜냐하면, 최상의 컨디션을 가진 젖소 (n*10)/25마리와 보통의 컨디션을 가진 젖소 1마리로 최소 마릿수를 만들 수 있기 때문이다.

❺ 필요한 우유를 25로 나눈 나머지가 20이면 (n*10)/25+2마리의 젖소가 최소이다. 왜냐하면, 최상의 컨디션을 가진 젖소 (n*10)/25마리와 최하의 컨디션을 가진 젖소 2마리로 최소 마릿수를 만들 수 있기 때문이다.

- 어떠한 경우라도 25로 나눈 나머지가 0, 5, 10, 15, 20 중 하나가 되기 때문에, 필요한 젖소의 최소 마릿수를 계산할 수 있다.

③ 문제 해결 예시 코드

■ 변수 설계

변수명	의미	비고
n	생산해야 하는 치즈의 양	

■ 코드

행	Python 코드
01	`n = int(input())`
02	`n = n*10`
03	
04	`if n%25 == 0:`
05	`  print(n//25)`
06	`elif n%25 == 5 or n%25 == 10 or n%25 == 15:`
07	`  print(n//25 + 1)`
08	`else:`
09	`  print(n//25 + 2)`

행	C/C++ 코드
01	`#include <stdio.h>`
02	`int main()`
03	`{`
04	`  int n;`
05	`  scanf("%d", &n);`
06	`  n = n*10;`
07	
08	`  if(n % 25 == 0)`
09	`    printf("%d\n", n / 25);`
10	`  else if(n%25==5 || n%25==10 || n%25==15)`
11	`    printf("%d\n", n / 25 + 1);`
12	`  else`
13	`    printf("%d\n", n / 25 + 2);`
14	`}`

코드 해석

- 생산해야 하는 치즈의 무게 n을 입력받는다.
- 그 무게에 10을 곱해서, 필요한 우유의 양으로 바꾼다.
- 그 값을 25로 나눈 나머지에 따라서 최소 마릿수를 출력한다.
- 25로 나눈 나머지가 0이면 n/25 값을, 25로 나눈 나머지가 5, 10, 15인 경우 n/25+1 값을 출력하고 그 외의 경우는 25로 나눈 나머지가 20인 경우이므로 n/25+2 값을 출력한다.

🎓 문제 2

1 문제 분석

- 10ℓ의 우유로 1kg의 치즈를 만들 수 있다.
- 최상의 컨디션인 젖소 1마리는 25ℓ의 우유를 생산한다.
- 보통의 컨디션인 젖소 1마리는 15ℓ의 우유를 생산한다.
- 최하의 컨디션인 젖소 1마리는 10ℓ의 우유를 생산한다.
- 정확히 n kg의 치즈를 생산하기 위해서 필요한 젖소의 최소 마릿수를 출력해야 한다.
- n의 범위는 100,000,000,000,000,000 이하의 자연수이다.

2 문제 해결 방법

- n kg의 치즈를 생산하기 위해서는 (n*10)ℓ의 우유가 필요하다는 것을 알아낼 수 있다.
- 최상의 컨디션인 젖소를 최대한 고르고 난 후 남게 되는 우유를 최소 마릿수로 생산할 수 있는 방법을 알아내면, 필요한 젖소의 최소 마릿수를 계산할 수 있다.

❶ 필요한 우유를 25로 나눈 나머지가 0이면 (n*10)/25마리의 젖소가 최소이다.

❷ 필요한 우유를 25로 나눈 나머지가 5이면 (n*10)/25+1마리의 젖소가 최소이다. 왜냐하면, 최상의 컨디션을 가진 젖소 (n*10)/25-1마리와 보통의 컨디션을 가진 2마리로 최소 마릿수를 만들 수 있기 때문이다.

❸ 필요한 우유를 25로 나눈 나머지가 10이면 (n*10)/25+1마리의 젖소가 최소이다. 왜냐하면, 최상의 컨디션을 가진 젖소 (n*10)/25마리와 최하의 컨디션을 가진 젖소 1마리로 최소 마릿수를 만들 수 있기 때문이다.

❹ 필요한 우유를 25로 나눈 나머지가 15이면 (n*10)/25+1마리의 젖소가 최소이다. 왜냐하면, 최상의 컨디션을 가진 젖소 (n*10)/25마리와 보통의 컨디션을 가진 젖소 1마리로 최소 마릿수를 만들 수 있기 때문이다.

❺ 필요한 우유를 25로 나눈 나머지가 20이면 (n*10)/25+2마리의 젖소가 최소이다. 왜냐하면, 최상의 컨디션을 가진 젖소 (n*10)/25마리와 최하의 컨디션을 가진 젖소 2마리로 최소 마릿수를 만들 수 있기 때문이다.

- 어떠한 경우라도 25로 나눈 나머지가 0, 5, 10, 15, 20 중 하나가 되기 때문에, 필요한 젖소의 최소 마릿수를 계산할 수 있다.
- C 언어에서는 int가 아닌 long long int형으로 데이터를 입력받아 처리해야 한다.

③ 문제 해결 예시 코드

■ 변수 설계

변수명	의미	비고
n	생산해야 하는 치즈의 양	

■ 코드

행	Python 코드	C/C++ 코드
01	`n = int(input())`	`#include <stdio.h>`
02	`n = n * 10`	`long long int n;`
03		`int main()`
04	`if n % 25 == 0:`	`{`
05	`  print(n // 25)`	`  scanf("%lld", &n);`
06	`elif n%25==5 or n%25==10 or n%25==15:`	`  n = n * 10;`
07	`  print(n // 25 + 1)`	`  if (n % 25 == 0)`
08	`else:`	`    printf("%lld\n", n / 25);`
09	`  print(n // 25 + 2)`	`  else if (n%25==5 || n%25==10 || n%25==15)`
10		`    printf("%lld\n", n / 25 + 1);`
11		`  else`
12		`    printf("%lld\n", n / 25 + 2);`
13		`  return 0;`
14		`}`

> **코드 해석**
>
> - 생산해야 하는 치즈의 무게 n을 입력받는다.
> - 그 무게에 10을 곱해서, 필요한 우유의 양으로 바꾼다.
> - 그 값을 25로 나눈 나머지에 따라서 최소 마릿수를 출력한다.
> - 25로 나눈 나머지가 0이면 n/25 값을, 25로 나눈 나머지가 5, 10, 15인 경우 n/25+1 값을 출력하고 그 외의 경우는 25로 나눈 나머지가 20인 경우이므로 n/25+2 값을 출력한다.

📖 문제 **❶**

1 문제 분석

- 학생들이 한 줄로 서서 자기 차례가 되면 원하는 부분을 한 조각 가져간다.
- 원하는 부분이 다른 조각과 연결되어 있으면 빵칼로 자른 후 가져가야 한다.
- 양쪽이 모두 연결되어 있으면 빵칼을 두 번 사용해야 하고, 한 쪽만 연결되어 있으면 빵칼을 한 번 사용해야 하며, 양쪽 모두 연결되어 있지 않으면 빵칼을 사용하지 않는다.
- 1번부터 10번까지 10개의 조각으로 나눌 수 있는 롱케이크가 있다.
- 10명의 학생들이 줄을 선 후 순서대로 7, 4, 1, 10, 2, 3, 5, 6, 8, 9번 조각을 가져갔다.
- 빵칼을 한 번 사용한 학생 수와 빵칼을 두 번 사용한 학생 수를 출력해야 한다.

2 문제 해결 방법

- 순서대로 조각을 잘라내며 빵칼의 사용 횟수를 카운트할 수 있다.
- 양쪽이 모두 연결되어 있으면 두 번, 한 쪽만 연결되어 있으면 한 번, 양쪽 모두 연결되어 있지 않으면 0번 사용한다.

잘라낸 조각	케이크 상태										빵칼 사용 횟수
	1	2	3	4	5	6	7	8	9	10	
7	1	2	3	4	5	6		8	9	10	2
4	1	2	3		5	6		8	9	10	2
1		2	3		5	6		8	9	10	1
10		2	3		5	6		8	9		1
2			3		5	6		8	9		1
3					5	6		8	9		0
5						6		8	9		1
6								8	9		0
8									9		1
9											0

- 따라서, 빵칼을 한 번 사용한 학생은 1명, 빵칼을 두 번 사용한 학생은 2명이다.

3 문제 해결 예시 코드

■ 코드

행	Python 코드	C/C++ 코드
01	`print("5 2")`	`#include <stdio.h>`
02		`int main()`
03		`{`
04		`  printf("5 2\n");`
05		`}`

문제 **1**

1 문제 분석

- 학생들이 한 줄로 서서 자기 차례가 되면 원하는 부분을 한 조각 가져간다.
- 원하는 부분이 다른 조각과 연결되어 있으면 빵칼로 자른 후 가져가야 한다.
- 양쪽이 모두 연결되어 있으면 빵칼을 두 번 사용해야 하고, 한 쪽만 연결되어 있으면 빵칼을 한 번 사용해야 하며, 양쪽 모두 연결되어 있지 않으면 빵칼을 사용하지 않는다.
- 1번부터 n번까지 n개의 조각으로 나눌 수 있는 롱케이크가 있다.
- n명의 학생들이 원하는 조각의 번호가 순서대로 입력된다.
- 빵칼을 한 번 사용한 학생 수와 빵칼을 두 번 사용한 학생 수를 출력해야 한다.

2 문제 해결 방법

- 순서대로 조각을 잘라내며 빵칼의 사용 횟수를 카운트할 수 있다.
- 크기가 n+2인 배열(리스트)을 만들고 모든 값을 1로 채운 후, 0번과 n+1번 위치를 0으로 만들면 원하는 조각을 잘라낼 때마다 빵칼을 사용한 횟수를 카운트할 수 있다. 어떤 위치에 1이 저장되어 있으면 조각 있음, 0은 조각 없음으로 표현할 수 있기 때문이다.
- 어떤 k번 위치의 조각을 잘라내기 위해서 필요한 빵칼의 사용 횟수는 k−1번 위치와 k+1번 위치에 1이 있는지를 검사하여 알 수 있다.
- k번 위치의 조각을 잘라낸 후에는 k번 위치의 값을 0으로 바꾸는 것으로 케이크를 잘라낸 것을 표시할 수 있다.
- n개의 조각을 순서대로 잘라낸 후 빵칼을 한 번 사용한 횟수와 빵칼을 두 번 사용한 횟수를 출력하면 된다.

3 문제 해결 예시 코드

▌ 변수 설계

변수명	의미	비고
n	학생 수	5 이상 10,000 이하의 자연수
c[]	위치별 케이크 유무	c[0]=0 c[n+1]=0
d[]	학생들이 원하는 케이크 조각의 번호	
cnt1	빵칼을 한 번 사용한 횟수	초깃값 0
cnt2	빵칼을 두 번 사용한 횟수	초깃값 0
i	반복 변수	

▌ 코드

행	Python 코드	C/C++ 코드
01	`n = int(input())`	`#include <stdio.h>`
02	`c = [1] * (n + 2)`	`int n, c[10100], d[10100], cnt1, cnt2;`
03	`c[0] = 0`	
04	`c[n+1] = 0`	`int main()`
05	`cnt1 = 0`	`{`
06	`cnt2 = 0`	`  scanf("%d", &n);`
07	`d = list(map(int, input().split()))`	`  for (int i = 0; i <= n + 1; i++)`
08		`    c[i] = 1;`
09	`for i in d:`	
10	`  if (c[i-1] + c[i+1]) == 2:`	`  c[0] = 0;`
11	`    cnt2 += 1`	`  c[n + 1] = 0;`
12	`  elif (c[i-1] + c[i+1]) == 1:`	`  cnt1 = 0;`
13	`    cnt1 += 1`	`  cnt2 = 0;`
14	`  c[i] = 0`	
15		`  for (int i = 0; i < n; i++)`
16	`print(cnt1, cnt2)`	`    scanf("%d", &d[i]);`
17		
18		`  for (int i = 0; i < n; i++)`
19		`  {`
20		`    if ((c[d[i] - 1] + c[d[i] + 1]) == 2)`
21		`      cnt2++;`
22		`    else if ((c[d[i] - 1] + c[d[i] + 1]) == 1)`
23		`      cnt1++;`
24		`    c[d[i]] = 0;`

25	`}`
26	
27	`printf("%d %d\n", cnt1, cnt2);`
28	`return 0;`
29	`}`

코드 해석

- 학생 수 n을 입력받는다.
- 1번부터 n번까지의 케이크 조각이 모두 있다고 설정한다.
- 0번과 n+1번에는 케이크 조각이 없다고 설정한다.
- n명의 학생들이 원하는 조각의 번호를 배열(리스트)에 순서대로 저장한다.
- 한 조각씩 잘라내면서 양쪽에 있는 케이크 조각을 확인하고 빵칼을 사용한 횟수를 카운팅한다.
- 한 조각을 잘라낸 후, 그 자리에 케이크 조각이 없다고 지운다.
- 마지막까지 반복한 후, 빵칼을 한 번 사용한 횟수와 빵칼을 두 번 사용한 횟수를 출력한다.

풀이 15 흑백 이미지 생성

문제 0

1 문제 분석

- 흑백 이미지를 구성하는 사각형 픽셀들이 모두 0으로 저장되어 있다.
- 어떤 사각형 영역 안에 있는 모든 픽셀 값들을 반전(0→1, 1→0)시키는 횟수가 주어진다.
- 반전시키는 사각형 영역은 왼쪽 위 좌표$(x1, y1)$와 오른쪽 아래 좌표$(x2, y2)$로 주어진다.
- 주어진 반전 횟수만큼, 지정된 사각형 영역 안에 있는 픽셀 값들을 반전시킨다.
- 마지막에 만들어진 흑백 이미지의 픽셀 값들을 출력해야 한다.
- 주어진 흑백 이미지 데이터의 높이는 6, 너비는 11, 반전 횟수는 15이다.
- 반전시킬 사각형 영역의 좌표는 다음과 같다.

횟수	(x1, y1), (x2, y2)	횟수	(x1, y1), (x2, y2)	횟수	(x1, y1), (x2, y2)
1	(1, 2), (6, 4)	6	(1, 2), (6, 4)	11	(1, 5), (1, 5)
2	(6, 8), (6, 9)	7	(1, 5), (1, 5)	12	(2, 8), (5, 11)
3	(2, 1), (5, 3)	8	(6, 8), (6, 9)	13	(3, 7), (4, 10)
4	(3, 7), (4, 10)	9	(1, 7), (6, 10)	14	(1, 5), (1, 5)
5	(2, 1), (4, 1)	10	(1, 2), (6, 4)	15	(3, 8), (3, 11)

2 문제 해결 방법

- 높이 6, 너비 11인 흑백 이미지 픽셀을 만들고, 주어진 횟수만큼 지정된 사각형 영역의 픽셀들을 반복해서 반전시킬 수 있다.
- 흑백 이미지 픽셀들이 반전되는 과정은 다음과 같다.

횟수	반전 영역	반전 전	반전 후
1	(1, 2), (6, 4)	0 0 0 0 0 0 0 0 0 0 0 0 0 0 0 0 0 0 0 0 0 0 0 0 0 0 0 0 0 0 0 0 0 0 0 0 0 0 0 0 0 0 0 0 0 0 0 0 0 0 0 0 0 0 0 0 0 0 0 0 0 0 0 0 0 0	0 1 1 1 0 0 0 0 0 0 0 0 1 1 1 0 0 0 0 0 0 0 0 1 1 1 0 0 0 0 0 0 0 0 1 1 1 0 0 0 0 0 0 0 0 1 1 1 0 0 0 0 0 0 0 0 1 1 1 0 0 0 0 0 0 0
2	(6, 8), (6, 9)	0 1 1 1 0 0 0 0 0 0 0 0 1 1 1 0 0 0 0 0 0 0 0 1 1 1 0 0 0 0 0 0 0 0 1 1 1 0 0 0 0 0 0 0 0 1 1 1 0 0 0 0 0 0 0 0 1 1 1 0 0 0 0 0 0 0	0 1 1 1 0 0 0 0 0 0 0 0 1 1 1 0 0 0 0 0 0 0 0 1 1 1 0 0 0 0 0 0 0 0 1 1 1 0 0 0 0 0 0 0 0 1 1 1 0 0 0 0 0 0 0 0 1 1 1 0 0 0 1 1 0 0

횟수	반전 영역	반전 전	반전 후
3	(2, 1), (5, 3)	0 1 1 1 0 0 0 0 0 0 0 0 1 1 1 0 0 0 0 0 0 0 0 1 1 1 0 0 0 0 0 0 0 0 1 1 1 0 0 0 0 0 0 0 0 1 1 1 0 0 0 0 0 0 0 0 1 1 1 0 0 0 1 1 0 0	0 1 1 1 0 0 0 0 0 0 0 1 0 0 1 0 0 0 0 0 0 0 1 0 0 1 0 0 0 0 0 0 0 1 0 0 1 0 0 0 0 0 0 0 1 0 0 1 0 0 0 0 0 0 0 0 1 1 1 0 0 0 1 1 0 0
4	(3, 7), (4, 10)	0 1 1 1 0 0 0 0 0 0 0 1 0 0 1 0 0 0 0 0 0 0 1 0 0 1 0 0 0 0 0 0 0 1 0 0 1 0 0 0 0 0 0 0 1 0 0 1 0 0 0 0 0 0 0 0 1 1 1 0 0 0 1 1 0 0	0 1 1 1 0 0 0 0 0 0 0 1 0 0 1 0 0 0 0 0 0 0 1 0 0 1 0 0 1 1 1 1 0 1 0 0 1 0 0 1 1 1 1 0 1 0 0 1 0 0 0 0 0 0 0 0 1 1 1 0 0 0 1 1 0 0
5	(2, 1), (4, 1)	0 1 1 1 0 0 0 0 0 0 0 1 0 0 1 0 0 0 0 0 0 0 1 0 0 1 0 0 1 1 1 1 0 1 0 0 1 0 0 1 1 1 1 0 1 0 0 1 0 0 0 0 0 0 0 0 1 1 1 0 0 0 1 1 0 0	0 1 1 1 0 0 0 0 0 0 0 0 0 0 1 0 0 0 0 0 0 0 0 0 0 1 0 0 1 1 1 1 0 0 0 0 1 0 0 1 1 1 1 0 1 0 0 1 0 0 0 0 0 0 0 0 1 1 1 0 0 0 1 1 0 0
6	(1, 2), (6, 4)	0 1 1 1 0 0 0 0 0 0 0 0 0 0 1 0 0 0 0 0 0 0 0 0 0 1 0 0 1 1 1 1 0 0 0 0 1 0 0 1 1 1 1 0 1 0 0 1 0 0 0 0 0 0 0 0 1 1 1 0 0 0 1 1 0 0	0 0 0 0 0 0 0 0 0 0 0 0 1 1 0 0 0 0 0 0 0 0 0 1 1 0 0 0 1 1 1 1 0 0 1 1 0 0 0 1 1 1 1 0 1 1 1 0 0 0 0 0 0 0 0 0 0 0 0 0 0 0 1 1 0 0
7	(1, 5), (1, 5)	0 0 0 0 0 0 0 0 0 0 0 0 1 1 0 0 0 0 0 0 0 0 0 1 1 0 0 0 1 1 1 1 0 0 1 1 0 0 0 1 1 1 1 0 1 1 1 0 0 0 0 0 0 0 0 0 0 0 0 0 0 0 1 1 0 0	0 0 0 0 1 0 0 0 0 0 0 0 1 1 0 0 0 0 0 0 0 0 0 1 1 0 0 0 1 1 1 1 0 0 1 1 0 0 0 1 1 1 1 0 1 1 1 0 0 0 0 0 0 0 0 0 0 0 0 0 0 0 1 1 0 0
8	(6, 8), (6, 9)	0 0 0 0 1 0 0 0 0 0 0 0 1 1 0 0 0 0 0 0 0 0 0 1 1 0 0 0 1 1 1 1 0 0 1 1 0 0 0 1 1 1 1 0 1 1 1 0 0 0 0 0 0 0 0 0 0 0 0 0 0 0 1 1 0 0	0 0 0 0 1 0 0 0 0 0 0 0 1 1 0 0 0 0 0 0 0 0 0 1 1 0 0 0 1 1 1 1 0 0 1 1 0 0 0 1 1 1 1 0 1 1 1 0 0 0 0 0 0 0 0 0 0 0 0 0 0 0 0 0 0 0
9	(1, 7), (6,10)	0 0 0 0 1 0 0 0 0 0 0 0 1 1 0 0 0 0 0 0 0 0 0 1 1 0 0 0 1 1 1 1 0 0 1 1 0 0 0 1 1 1 1 0 1 1 1 0 0 0 0 0 0 0 0 0 0 0 0 0 0 0 0 0 0 0	0 0 0 0 1 0 1 1 1 1 0 0 1 1 0 0 0 1 1 1 1 0 0 1 1 0 0 0 0 0 0 0 0 0 1 1 0 0 0 0 0 0 0 0 1 1 1 0 0 0 1 1 1 1 0 0 0 0 0 0 0 1 1 1 1 0

횟수	반전 영역	반전 전	반전 후

10 — 반전 영역 (1, 2), (6, 4)

반전 전:
```
0 0 0 0 1 0 1 1 1 1 0
0 1 1 0 0 0 1 1 1 1 0
0 1 1 0 0 0 0 0 0 0 0
0 1 1 0 0 0 0 0 0 0 0
1 1 1 0 0 0 1 1 1 1 0
0 0 0 0 0 0 1 1 1 1 0
```
반전 후:
```
0 1 1 1 1 0 1 1 1 1 0
0 0 0 0 0 0 1 1 1 1 0
0 0 0 0 0 0 0 0 0 0 0
0 0 0 0 0 0 0 0 0 0 0
1 0 0 0 0 0 1 1 1 1 0
0 1 1 0 0 0 1 1 1 1 0
```

11 — 반전 영역 (1, 5), (1, 5)

반전 전:
```
0 1 1 1 1 0 1 1 1 1 0
0 0 0 0 0 0 1 1 1 1 0
0 0 0 0 0 0 0 0 0 0 0
0 0 0 0 0 0 0 0 0 0 0
1 0 0 0 0 0 1 1 1 1 0
0 1 1 0 0 0 1 1 1 1 0
```
반전 후:
```
0 1 1 1 0 0 1 1 1 1 0
0 0 0 0 0 0 1 1 1 1 0
0 0 0 0 0 0 0 0 0 0 0
0 0 0 0 0 0 0 0 0 0 0
1 0 0 0 0 0 1 1 1 1 0
0 1 1 0 0 0 1 1 1 1 0
```

12 — 반전 영역 (2, 8), (5,11)

반전 전:
```
0 1 1 1 0 0 1 1 1 1 0
0 0 0 0 0 0 1 1 1 1 0
0 0 0 0 0 0 0 0 0 0 0
0 0 0 0 0 0 0 0 0 0 0
1 0 0 0 0 0 1 1 1 1 0
0 1 1 0 0 0 1 1 1 1 0
```
반전 후:
```
0 1 1 1 0 0 1 1 1 1 0
0 0 0 0 0 0 1 0 0 0 1
0 0 0 0 0 0 0 1 1 1 1
0 0 0 0 0 0 0 1 1 1 1
1 0 0 0 0 0 1 0 0 0 1
0 1 1 0 0 0 1 1 1 1 0
```

13 — 반전 영역 (3, 7), (4,10)

반전 전:
```
0 1 1 1 0 0 1 1 1 1 0
0 0 0 0 0 0 1 0 0 0 1
0 0 0 0 0 0 0 1 1 1 1
0 0 0 0 0 0 0 1 1 1 1
1 0 0 0 0 0 1 0 0 0 1
0 1 1 0 0 0 1 1 1 1 0
```
반전 후:
```
0 1 1 1 0 0 1 1 1 1 0
0 0 0 0 0 0 1 0 0 0 1
0 0 0 0 0 0 1 0 0 0 1
0 0 0 0 0 0 1 0 0 0 1
1 0 0 0 0 0 1 0 0 0 1
0 1 1 0 0 0 1 1 1 1 0
```

14 — 반전 영역 (1, 5), (1, 5)

반전 전:
```
0 1 1 1 0 0 1 1 1 1 0
0 0 0 0 0 0 1 0 0 0 1
0 0 0 0 0 0 1 0 0 0 1
0 0 0 0 0 0 1 0 0 0 1
1 0 0 0 0 0 1 0 0 0 1
0 1 1 0 0 0 1 1 1 1 0
```
반전 후:
```
0 1 1 1 1 0 1 1 1 1 0
0 0 0 0 0 0 1 0 0 0 1
0 0 0 0 0 0 1 0 0 0 1
0 0 0 0 0 0 1 0 0 0 1
1 0 0 0 0 0 1 0 0 0 1
0 1 1 0 0 0 1 1 1 1 0
```

15 — 반전 영역 (3, 8), (3,11)

반전 전:
```
0 1 1 1 1 0 1 1 1 1 0
0 0 0 0 0 0 1 0 0 0 1
0 0 0 0 0 0 1 0 0 0 1
0 0 0 0 0 0 1 0 0 0 1
1 0 0 0 0 0 1 0 0 0 1
0 1 1 0 0 0 1 1 1 1 0
```
반전 후:
```
0 1 1 1 1 0 1 1 1 1 0
0 0 0 0 0 0 1 0 0 0 1
0 0 0 0 0 0 1 1 1 1 0
0 0 0 0 0 0 1 0 0 0 1
1 0 0 0 0 0 1 0 0 0 1
0 1 1 0 0 0 1 1 1 1 0
```

- 따라서, 마지막에 만들어진 흑백 이미지의 픽셀 값들은 아래와 같다.

```
0 1 1 1 1 0 1 1 1 1 0
0 0 0 0 0 0 1 0 0 0 1
0 0 0 0 0 0 1 1 1 1 0
0 0 0 0 0 0 1 0 0 0 1
1 0 0 0 0 0 1 0 0 0 1
0 1 1 0 0 0 1 1 1 1 0
```

3 문제 해결 예시 코드

■ 코드

행	Python 코드	C/C++ 코드
01	`print("0 1 1 1 1 0 1 1 1 0");`	`#include <stdio.h>`
02	`print("0 0 0 1 0 0 1 0 0 0 1");`	`int main()`
03	`print("0 0 0 1 0 0 1 1 1 0");`	`{`
04	`print("0 0 0 1 0 0 1 0 0 0 1");`	`  printf("0 1 1 1 1 0 1 1 1 0\n");`
05	`print("1 0 0 1 0 0 1 0 0 0 1");`	`  printf("0 0 0 1 0 0 1 0 0 0 1\n");`
06	`print("0 1 1 1 0 0 1 1 1 0");`	`  printf("0 0 0 1 0 0 1 1 1 0\n");`
07		`  printf("0 0 0 1 0 0 1 0 0 0 1\n");`
08		`  printf("1 0 0 1 0 0 1 0 0 0 1\n");`
09		`  printf("0 1 1 1 0 0 1 1 1 0\n");`
10		`}`

🎓 문제 1

1 문제 분석

- 흑백 이미지를 구성하는 사각형 픽셀들이 모두 0으로 저장되어 있다.
- 어떤 사각형 영역 안에 있는 모든 픽셀 값들을 반전(0→1, 1→0)시키는 횟수가 주어진다.
- 반전시키는 사각형 영역은 왼쪽 위 좌표(x1, y1)와 오른쪽 아래 좌표(x2, y2)로 주어진다.
- 주어진 반전 횟수만큼, 지정된 사각형 영역 안에 있는 픽셀 값들을 반전시킨다.
- 마지막에 만들어진 흑백 이미지의 픽셀 값들을 출력해야 한다.
- 주어진 흑백 이미지 데이터의 높이는 h, 너비는 w, 반전 횟수는 n이다.
- 반전시킬 사각형 영역의 좌표가 순서대로 입력된다.
- 최대 높이와 너비가 각각 1,000과 1,000이기 때문에 일반적인 방법으로는 매우 오랜 시간이 걸릴 수 있다.

2 문제 해결 방법

- 높이 h, 너비 w인 흑백 이미지 픽셀을 만들고, 주어진 횟수 n만큼 지정된 사각형 영역의 픽셀들을 반복해서 반전시켜야 한다.
- 하지만, 최대 높이와 너비가 각각 1,000과 1,000이기 때문에 일반적인 방법으로는 매우 오랜 시간이 걸릴 수 있기 때문에, 어떤 사각형 영역의 픽셀들을 빠르게 반전시키기 위해서 '차이 값 표시+누적합 처리' 방법을 사용할 수 있다.
- 원하는 사각형 영역을 빠르게 모두 1 올리기 위해서 해당 사각형 영역의 모서리 4곳의 값을 차이 값만큼 바꿔 둔 후, 가장 마지막에 2차원 방향으로 누적합을 계산하면 된다.

- 예를 들어, 어떤 2차원 영역 a[][]의 (1, 2)부터 (3, 4)까지의 사각형 영역을 모두 1만큼 올리기 위해서는 모서리 (1, 2), (1, 5), (4, 2), (4, 5)의 픽셀 값을 +1이나 −1의 차이 값만큼 변화시키면 된다.

	+1			−1
	−1			+1

(1, 2)부터 (3, 4)까지 바뀐 값을 알아내기 위해서는 왼쪽에서 오른쪽으로 누적합을 만들고, 다시 위에서 아래로 누적합을 만들면 되기 때문이다.

왼쪽에서 오른쪽으로 누적합을 만들면 아래 그림과 같이 된다.

0	1	1	1	0
0	0	0	0	0
0	0	0	0	0
0	−1	−1	−1	0
0	0	0	0	0

다시 위에서 아래로 누적합을 만들면 아래 그림과 같이 된다.

0	1	1	1	0
0	1	1	1	0
0	1	1	1	0
0	0	0	0	0
0	0	0	0	0

- 따라서, 어떤 사각형 영역의 값을 모두 1만큼 올리기 위해서 4곳에만 차이 값을 표시하면 된다.
- 그리고 반전 횟수만큼 해당 사각형 영역에 반복해서 표시한 후, 가장 마지막에 2차원 누적합을 한 번만 만들면 된다.
- 픽셀별로 저장되어 있는 값이 짝수이면 0, 홀수이면 1로 출력하면 문제에서 얻어내야 하는 흑백 이미지의 픽셀 값이 된다.

❸ 문제 해결 예시 코드

■ 변수 설계

변수명	의미	비고
n	반전 횟수	
h	이미지 높이	
w	이미지 너비	
a[][]	이미지 픽셀 데이터	초깃값 0
x1, y1, x2, y2	사각형 영역 좌표	
i, j, k	반복 변수	

■ 코드

다음 코드는 일반적인 방법으로, 사각형 영역을 일일이 모두 1만큼씩 더해서 많은 시간이 걸린다.

행	Python 코드
01	`h, w = map(int, input().split())`
02	`n = int(input())`
03	`a = [[0]*(w+1) for _ in range(h+1)]`
04	`for i in range(n):`
05	`  x1,y1,x2,y2=map(int, input().split())`
06	`  for j in range(x1, x2+1):`
07	`    for k in range(y1, y2+1):`
08	`      a[j][k] += 1`
09	`for i in range(1, h+1):`
10	`  for j in range(1, w+1):`
11	`    print(a[i][j]%2, end=' ')`
12	`  print()`

행	C/C++ 코드
01	`#include <stdio.h>`
02	`int h, w, n, a[1100][1100], x1, y1, x2, y2;`
03	`int main()`
04	`{`
05	`  scanf("%d %d", &h, &w);`
06	`  scanf("%d", &n);`
07	`  for(int i=0; i<n; i++)`
08	`  {`
09	`    scanf("%d %d %d %d",&x1,&y1,&x2,&y2);`

```
10      for(int j=x1; j<=x2; j++)
11        for(int k=y1; k<=y2; k++)
12          a[j][k] += 1;
13      }
14      for(int i=1; i<=h; i++)
15      {
16        for(int j=1; j<=w; j++)
17          printf("%d ",a[i][j]%2);
18        printf("\n");
19      }
20    }
```

다음은 '차이 값 표시+누적합' 방법으로 매우 빠르게 처리하는 코드이다.

행	Python 코드
01	`h, w = map(int, input().split())`
02	`n = int(input())`
03	`a = [[0]*(w+2) for _ in range(h+2)]`
04	`for _ in range(n):`
05	`  x1,y1,x2,y2=map(int, input().split())`
06	`  a[x1][y1] += 1`
07	`  a[x1][y2+1] -= 1`
08	`  a[x2+1][y1] -= 1`
09	`  a[x2+1][y2+1] += 1`
10	`for i in range(1, h+2):`
11	`  for j in range(1, w+2):`
12	`    a[i][j] += a[i][j-1]`
13	`for j in range(1, w+2):`
14	`  for i in range(1, h+2):`
15	`    a[i][j] += a[i-1][j]`
16	`for i in range(1, h+1):`
17	`  for j in range(1, w+1):`
18	`    print(a[i][j]%2, end=' ')`
19	`  print()`

행	C/C++ 코드
01	`#include <stdio.h>`
02	`int h, w, n, a[1100][1100], x1, y1, x2, y2;`
03	`int main()`
04	`{`

```
05    scanf("%d %d", &h, &w);
06    scanf("%d", &n);
07    for(int i=0; i<n; i++)
08    {
09      scanf("%d %d %d %d", &x1,&y1,&x2,&y2);
10      a[x1][y1] += 1;
11      a[x1][y2+1] -= 1;
12      a[x2+1][y1] -= 1;
13      a[x2+1][y2+1] += 1;
14    }
15    for(int i=1; i<h+2; i++)
16      for(int j=1; j<w+2; j++)
17        a[i][j] += a[i][j-1];
18    for(int j=1; j<w+2; j++)
19      for(int i=1; i<h+2; i++)
20        a[i][j] += a[i-1][j];
21    for(int i=1; i<h+1; i++)
22    {
23      for(int j=1; j<w+1; j++)
24        printf("%d ", a[i][j]%2);
25      printf("\n");
26    }
27  }
```

코드 해석

- 이미지의 높이 h, 너비 w를 입력받는다.
- 반전 횟수 n을 입력받는다.
- 사각형 영역의 왼쪽 위 좌표(x1, y1)와 오른쪽 아래 좌표(x2, y2)를 반복해서 입력받고, 사각형 영역의 모서리에 +1/−1만큼 차이 값을 적용한다.
- 왼쪽에서 오른쪽 방향으로 2차원 누적합을 계산하고, 위에서 아래 방향으로 2차원 누적합을 계산한다.
- 저장되어 있는 픽셀 값이 짝수이면 0, 홀수이면 1을 출력한다.

찾아보기

🔍 **SFPC와 함께하는**

문제 해결 프로그래밍

발 행 일 초판 1쇄 발행 2024년 10월 15일

지 은 이 정웅열 · 정종광 · 문광식 · 배준호 · 안득하 · 전현석 · 정상수 외
발 행 인 신재석
발 행 처 (주)삼양미디어
주   소 서울시 마포구 양화로 6길 9-28
전   화 02) 335-3030
팩   스 02) 335-2070
등록번호 제10-2285호
        Copyright ⓒ 2024, samyangmedia
홈페이지 **www.samyang𝓜.com**
I S B N 978-89-5897-418-5 (13000)
정   가 18,000원

• 이 책의 소스 코드에는 코딩을 위해 가독성 및 유사 문자 간 변별력을 고려해 최적화시킨 네이버의 D2 Coding 글꼴이 적용되어 있습니다.

• **저작권자** NAVER   • **출처** https://github.com/naver/d2codingfont   • **배포 라이선스** OFL1.1